具眼衲僧誰
一派畫南畫
北畫西東

JN026342

となりの一休さん

となりの一休さん

絵と文

伊野孝行

春陽堂書店

もくじ

本書のなかには、引用箇所も含め、今日の人権感覚に照らして差別的ととられかねない箇所がありますが、著者が差別の助長を意図したものではなく、題材の時代背景を考慮した表現として尊重し、削除や書き換えは行いませんでした。

見返しの漢詩原文は『狂雲集』による。
本文7ページに、前見返しの現代語訳、後見返しの要約（部分）あり。

協力……飯島孝良
ブックデザイン……日下潤一＋赤波江春奈

はじめに

Zenとも書く「禅」は海外にも広く知られています。ジョン・レノンやスティーブ・ジョブズがZenに影響を受けていたのは有名です。仏教はインド生まれですが、禅宗は仏教が中国に入って生まれました。中国語の発音だと「Chán」なので、「Zen」という呼び方は日本の発音がそのまま使われています。つまり鈴木大拙《だいせつ》らの活動により、海外に広まったのは日本の禅や禅文化なのですね。現在中国では、禅はほとんどはやってないらしいです。

では、禅の心が一体どんなものなのかと聞かれたら、日本人のぼくはかなり答えに困ります。

日本で最も有名な禅僧といえば、「一休さん」と親しみを込めて呼ばれる室町時代の禅僧、一休宗純《そうじゅん》でしょう。

二〇一六年、NHKのEテレで『オトナの一休さん』というアニメ番組が作られました。週に一度の五分番組なので、見た人はそれほど多くなかったかもしれません。たまたまやっているのを見た人は「なんだこれ？」と思ったのではないでしょうか。

そこに映る一休さんはかわいらしい小僧さんではなく、無精髭を生やした酒好き女好きのクソジジイで、言うことやること常識から外れたことばかり。実はこの姿こそが史実に基づいた一休さんなのです。

ぼくはアニメの絵を担当していました。一休さんの肖像画には前から惹かれるものを感じていたのですが、詳しいわけではありませんでした。ひょんないきがかりから（この本の中で後述しています）史実の一休さんを現在に蘇らせる企画に加わったわけですが、絵を描いているうちにすっかり一休さんのファンになってしまいました。自分が描いたキャラの一休さんが好きだなんて、一休さんと自分を同一化する自己愛のようなものが幾分かあって恥ずかしいのですが、得てしてファン心理というのはそんなものかも知れません。

番組が終わった後でも、頼まれて一休さんの絵を描いたり、こうやって本を出すなど、一休さんとのつきあいは続いています（『オトナの一休さん』はEテレのものだけど、一休さん自体は歴史上の人物なので、自由に描いても問題ないわけ）。なかなか離れがたいのであります。

一休さんは、禅とは何かを述べています。何と言っているか。

「禅はわかるものでも、教えるものでもない」

って言うんです。

一休さんは「俺は俺の禅を体現している」という意味のことを漢詩に書きつけています

ので、自分の問題としてガッチリ受け止めているはずです。ただ、それは他人に置き換えのきかない問題だと。

それならぼくが日本に生まれたのに、禅について満足に語れないのもある意味仕方がありません。禅が一人ひとりの問題なら一般化した答えを言うのは難しいです。

禅が一休さんを一休さんたらしめているのは確かですが、禅をやればみんな一休さんみたいになるわけではないと思います。やはり一休さんは何かしら特別なのです。

一休さんは「昨日は俗人、今日は僧、いい加減なのが俺の生き方だ」と言っています。確かに全然お坊さんらしくないのです。自由に生きるってそれほど簡単なことではありません。自由ってなんだろう？　ということを含めて。一休さんの生き方を見ていくと、真に自由に生きるにはいい加減に生きるしかないんじゃないか、と思えてきます。

風狂の狂人たる俺は、狂風を巻き起こす
遊女屋と酒場あたりをうろついている
眼のある禅僧のうち　誰か一人でも俺の相手をする者はいないか
南かと思えば北へ　西かと思えば東へ行く
この俺はなかなかつかまえられないぞ

一休さんが自分について書いた漢詩の現代語訳です。つかまえられないぞって言いながら、人の気を引く言い方するんです。こっちにおるぞ、いやこっちにおるぞ、という一休さんの声につられて作ったのがこの本です。

一休み
一休すごろく
1歳
応永元年（1394）
1月1日、京都に生まれる。父は後小松天皇と言われる。赤ちゃんの時は〈龍鳳の姿〉だった。
つんつん
6歳
応永六年（1399）
安国寺で僧になる。周建《しゅうけん》と名付けられる。とんちは言ってない。
和尚さまにナイショやで
13歳
応永一三年（1406）
建仁寺の慕喆《ぼてつ》のもとで詩を学ぶ。いきなり才覚を発揮する。
母上さま
私には詩人の才能があるようでございます
16歳
応永一六年（1409）
家柄や血筋を自慢し合う僧の言葉に悲憤する偈を作り慕喆に渡す。
周建や 今の腐敗はお前一人では正せぬ あと三十年まて
17歳
応永一七年（1410）
西金寺の謙翁宗為《けんおうそうい》に弟子入りする。

応永一八年（1411）
清叟《せいそう》のきらびやかな寿像（生前の肖像画）を咎めるため将軍足利義持が寺を訪れた。傍らに侍していた美少年の赤松持貞がその肖像画を受け取ろうとすると、一休は彼の手を握ってウィンクを送った。
18歳
宗純さま！
21歳
応永二一年（1414）
12月謙翁死去。絶望のあまり琵琶湖の瀬田橋で投身自殺を図るがタイミングよく母の使いに止められる。
悲しみ〜やれ〜一休み
22歳
応永二二年（1415）
祥瑞庵の華叟《かそう》に弟子入り。
今日よりお前は…
一休
25歳
応永二五年（1418）
一休の号を授かる。
2マス進む
私は受けとれません
印可
一休どの
あなたは悟りに
達した一人前の
禅僧です
華叟からの印可状を拒否。
27歳
応永二七年（1420）
悟りとは？
カラスが鳴くのを聞いて悟る。

29歳
応永二九年（1422）
大徳寺如意庵で行われた言外宗忠《ごんがいそうちゅう》の33回忌にわざとボロボロの衣で参列。
お坊さんのドレスコードってなんなんすかね
35歳
正長元年（1428）
華叟77歳で死去。一休は素手で大便を拭って介護。
なにが汚いというのです
エラいので2マス進む
44歳
永享九年（1437）
華叟から預かっていたという印可状を受け取るが、ビリビリに破って燃やす。
1マス戻る
47歳
永享一二年（1440）
如意庵の住職になるも、たった10日で退庵。
さてと女郎屋か酒場にでも行くか！
文安二年（1445）
養叟宗頤《ようそうそうい》が大徳寺住持に再任。
一休よまたなっちゃったぞ！
54歳
文安四年（1447）
大徳寺内の抗争に嫌気がさし、譲羽山《ゆずりは》に入る。餓死を図るが後花園天皇が手紙を送り、とどまらせる。
ハンガーストライキ？
狂言自殺？フフフ…
55歳
文安五年（1448）
破棄したはずの印可状を、弟子たちが秘かに保存していたことを知り再び燃やす。
バカか！お前らは

永享元年（1429）
18歳年長の兄弟子にして生涯のライバル、養叟《ようそう》が大徳寺26世住持となる。
えっへん
36歳
オレには関係ないねと一休み
42歳
永享七年（1435）
堺の町を木剣を持って歩きまわり禅門批判のパフォーマンスを行う。
ワハハハ
世間の偽坊主はこの木剣と同じ人を殺すこともできんし、人を活かすこともできん！
調子こいて3スス進む
43歳
永享八年（1436）
大燈国師の百年忌に参列。法要の夜に美女を抱く。
これがオレなりの供養なのさ
へんなイ
そやからいらんねん！
享徳元年（1452）
瞎驢庵《かつろあん》に住む。
59歳
享徳二年（1453）
大徳寺が焼ける。
ああ
60歳
康正元年（1455）
前年、印可状の有無で養叟と大喧嘩になり絶交。養叟へのボロクソ悪口ノート『自戒集』を編む。
タイトルが
シャレとるわな
62歳

64歳
長禄元年（1457）
路上で会った春浦《しゅんぽ》（養叟の弟子）を痛罵し、その弟子から襲われそうになる。
どこ行った!?
ふ〜 ご用心ご用心
血の気が多いので一休み
65歳
長禄二年（1458）
養叟83歳で死去。
一休ケンカは来世にもちこしじゃ
あんたがいなくなってせいせいしてるさ
68歳
寛正二年（1461）
大飢饉となり、死者は8万人以上にのぼる。一休、浄土宗への改宗騒動を起こす。
今必要なのは悟りよりも救いなのだ
69歳
寛正三年（1462）
下痢を患う。回復した後、兵乱を避けて転々とし翌年末に瞎驢庵に戻る。
せわしないのお
74歳
応仁元年（1467）
応仁の乱。瞎驢庵が兵火で消失。乱を避け東山の虎丘庵《こきゅう》に移り、その後、薪の酬恩庵に避難。
なんてことだ…この10年で木の葉は枯れ落ち山の骨格まであらわになってしまった
詩や歌など何の役にも立たん…
まったく何をやっとるんじゃ将軍義政は!!

77歳
文明二年（1470）
戦乱のため住まいを転々とし、住吉に出る。住吉神社の薬師堂で森女と出会う。
愛は不立文字
81歳
文明六年（1474）
後土御門天皇の勅命により大徳寺47世住持となる。瘧《おこり》（マラリア）にかかる。
ワシが住持なぁ…そんな柄じゃないんだが…
84歳
文明九年（1477）
応仁の乱、やっと終わる。
一休み一休み
してる場合じゃない
86歳
文明一一年（1479）
堺の豪商、尾和宗臨らの援助により大徳寺の法堂を再建。
88歳
文明一三年（1481）
大徳寺正門と傍門を再建、落慶法要を行う。瘧が再発する。酬恩庵で11月21日、眠るが如く坐したまま入寂。
ちょっと一休みするよ…

一休さんの顔

『オトナの一休さん』では約七百五十枚の絵を描いたのですが、何が楽しかったかと言えば一休さんの顔を描くことが楽しかった。肖像画を基に絵を描き起こすだけで、何かが起こりそうなキャラクターが現れる。

弟子たちが書いた『一休和尚年譜』には、赤ちゃんの一休さんは〈龍鳳《りゅうほう》の姿〉をしていたと書いてあります。一休さんには生まれながら高貴な品格、貴人の相が備わっていたようです。

え、龍鳳の姿ってさぁ、一休さんってとっても面白い顔してるじゃないですか。生まれた時からあんな顔ではないとしても。

一休さんは皇族の出自ということになっています。

母は藤原氏の血筋で、後小《ごこ》松《まつ》天皇に仕え、側室として愛され一休さんを身ごもった。しかし身ごもったゆえに周囲から妬まれて、宮廷からも追放されて身分は庶民になり、そして生まれたのが一休さんであると。誕生日は応永元年（一三九四）の一月一日。

いちばん有名な一休さんの顔は東京国立博物館蔵の肖像画でしょう。はじめて見たのは教科書だったと記憶します。

墨斎の一休

大きく空いた鼻の穴、出っ張った頬骨、切れ上がった目尻、やや憂鬱そうな眉、それらを司る一休さんの表情は、どんな感情にも分類できません。瞳の奥には世界の混沌があり、そこから一筋の精神を紡ぎ出したような視線。見ているぼくの思考を自然に起動させます。日本美術史に数ある肖像画の中でいちばんすごい絵だと思います。早いとこ重要文化財から国宝に格上げしたほうがいいです。

この肖像画を描いたとされるのは弟子の没倫紹等《もつりんじょうとう》さん。号は墨斎《ぼくさい》。「龍鳳の姿」という表現は祖師伝にはよくある言い回しなんだそうですが、そう伝える『一休和尚年譜』も没倫さんの編集によるものです。一休さんを知る上で、没倫／墨斎の残した仕事がめちゃくちゃ重要なのです。没倫さんがいなければ、およそ六百年前に生きた一休という人間の実像に触れることは出来ません。

一休さんは特徴的な顔だから、父親の後小松天皇も同じような顔かなと思ったんですが、肖像画を見ると全然似ていませんでした。もっとも後小松天皇の肖像は、直接本人を前にして描いたかどうかわかりません。古来、人の顔を肖像画に残すのは、権威付け、崇拝、記念、風刺などの目的があるでしょう。似てなくても立派だったらいい、という場合もあります。

でも、一休さんの肖像画や木彫はきっちりとした写実に基づいています（一休さんの顔の造形って彫刻的に美しいとぼくは思う）。

このような禅僧の肖像は「頂相《ちんそう》」といいます。弟子たちはいつも自分の師匠といっしょに修行できるように頂相をそばに置きます。まさにいっしょにいる感じを出すために、必然的に写実的な表現を選んだのだと思います。絵や木彫に残された禅の老師たちは、みんなその人以外にありえない個性的な顔をしています。

よく観察してありのままをありのままに描くことが、日本美術で一般的になるのは明治時代から。西洋から「写生」という考えが入ってきたためですが、そのもっと昔に、頂相で同じような表現手法が取られていたわけです。洋の東西、古今を問わず、人間がやることに似たものが現れるのは面白いです。

評論家の唐木《からき》順三《じゅんぞう》さんは、没倫の描いた一休さんの肖像画を見て「近代人の顔である」と言いました。でも、さっき言ったように、そもそも頂相の表し方が写実的＝近代的というのもあると思います。中でも没倫の描いた一休さんが傑作なのは、観察眼が優れていた

一休寺の木像頂相
当初は一休さんの
髪と髭が植えられていた

からです。

この一休さんの顔ですが、一般に知られるようになったのはずいぶん後、昭和も戦後のようです。

江戸時代や明治時代に描かれた一休さんの顔は全然違う顔です。幕末から明治にかけて活躍した河鍋《かわなべ》暁斎《きょうさい》も一休さんと地獄太夫（伝説の遊女。一休さんの彼女という設定の創作がある）を絵にしてますが、ええ〜っ、一休さんこんなんじゃないよ〜、て顔です。こんな顔ならぼくは絶対に好きにはなりません。

江戸中期に奇天烈大爆発な絵を描いた曾《そ》我《が》蕭白《しょうはく》も一休さんを描いています。曾我蕭白は「自分は十代目曾我蛇足《じゃそく》である」と自称していました。

曾我蛇足というのは室町時代に活躍した曾我派のオリジネーターで、一休さんの禅の弟子でもありました。また、一休さんは曾我蛇足の絵の弟子だった。蕭白の時代に曾我派は

河鍋暁斎の下世話な一休

すでに絶えていたようですが、蕭白は曾我蛇足に惹かれて、なんの関係もないのに曾我を名乗っていたのです。

大徳寺の真珠庵は一休さんの塔頭《たっちゅう》（没倫が一休を記念して建てた寺）で、曾我蛇足が描いた襖絵があります。蕭白は蛇足をリスペクトしていたなら、真珠庵に襖絵を見に行った可能性は高いし、ついでに一休さんの木彫頂相も拝んでいてもおかしくありません。それに蕭白は一休と同じようにクレイジーな破格を求めた人です。そんな曾我蕭白が描いた一休さんの肖像があるのです。これはかなり期待できると思ったんですが……びっくりするほど似てませんでした。全然違う人で笑っちゃう。カエルみたいな顔をしてました。やはりこんな顔では好きになれません。

曾我蕭白の奇妙すぎる一休

一休さんは昔から有名であったにもかかわらず、その顔はほとんど知られていなかった証拠です。

東映動画のアニメ『一休さん』は日本のみならず、中国やタイでもすごく

人気があります。没倫の描いた肖像画を知って「あの可愛い一休さんは大人になってこんな顔になったのか……」ってショックを受けていた中国のファンもいたとか。

坂口尚さんの『あっかんべェ一休』というマンガがあります。時代背景までしっかり描いたとてもよく出来た作品なんですが、一休さんの顔がカッコよすぎるのが気になってしまいます。主人公補正というのでしょうか。せっかく没倫の描いた顔があるのに、そこから離れていくのが惜しい。

人間は見た目が九十パーセント以上です。中と外はつながっていて、外面に出ない内面はない。

ゴッホやレンブラントはたくさんの自画像を残したので、われわれは、みんな心の中に人物像を描けるのです。曾我蕭白や伊藤若冲《いとうじゃくちゅう》はどんな顔だったかわかっていません。これは大きな違いだと思うんですよね。ぼくなんか没倫の描いた一休さんの顔を見て、だいたいのことがわかった気になっちゃってます。

没倫の描いた東京国立博物館蔵の一休さん像は、頂相にしては珍しいバストショットなのですが、それは本番用に描いたものではなく、実際に一休さんを前にしてスケッチしたらめちゃくちゃ真を捉えて似てたので、軸装したのかなと想像しています。数ある一休さんの頂相のなかでダントツに出来がいいあの絵自体が、奇跡のような気がしてなりません。もしかして本物の一休さんよりいい顔かもしれない。ぼくの一休さんはこの絵からはじまっています。

詩人誕生
一休（当時、周建）は
十三歳の時　建仁寺の
慕《ぼ》喆《てつ》の下で修行していた
ギロ
カクン
喝!
サッ
坐禅

作務《さむ》
ふあぁ
狗《いぬ》に仏性はあるか？
……ワン
公案《こうあん》

時にこのようなことも
あったかもしれない
し~
やめて…

ゴーン
母上様は今頃
どうしていなさる
だろうか
そして私の
父は……
秋のように冷たく 長信宮に 美人は涙ぐむ
秋荒長信美人吟
庭陰への通路は遮られて 皇帝の訪れはない
徑路無媒上苑陰
栄光も屈辱も 悲しみも歓びも 目前にある
榮辱悲歡目前事
君主の寵愛は遠くなり 草は生い茂るのみ
君恩淺處艸方深

ほーお前が書いたのか
父と母を思うて書いたとな
はっ
なかなか古典もふまえておる
うむ
しかしなんだか

色っぽい詩じゃの
ウン
ウン
周建あんまり驚かすな
また作ったら見せに来い

詩人の一休さん

『講談社の絵本 一休さん』という復刻絵本を以前から持ってました。

宮尾しげをの絵がすごくいいんですよ。かわいくてのんきで色が綺麗でね。不思議なことに、他の登場人物は黒目と白目があるのに、なぜだか一休さんだけは真ん丸で真っ黒な目で描かれています。顔に黒い穴が二つ空いてるように見えて、妙にロボットちっくです。余人にはないオーラをまとっています。

実はこの絵本が、子ども向けの〝とんち小僧一休さん〟の最初なんだそうです。日本が東京オリンピックを返上した昭和十三年に発行されてます。その三十七年後の昭和五十年（一九七五）には東映動画のアニメ『一休さん』がはじまり、何度も再放送されているうちに一休さん＝とんち小僧というイメージが日本人に植え付けられました。

江戸時代には『一休咄《いっきゅうばなし》』という読み物が人気になり、何種類も出版されたのですが、そこに登場する一休さんの年齢は、少年から大人まで幅が広いです。『一休咄』の中にすでにとんち話も出揃っていましたが、前述のように昭和以降はとんち小僧一休がメインになっていきます。

一休さんの本当の少年時代はどうだったでしょうか。

『一休和尚年譜』に残された少年時代のエピソードは多くありません。六歳で安国寺に預けられ、幼くして出家し周建《しゅうけん》という名前をもらいました。小僧の周建がとんちを言って人々を驚かしたという記録はどこにもありません。その代わり早くから詩人の才能を発揮していました。

十六歳の時にはこんなことがありました。

修行に赴いたある寺で、説法をする僧が嬉しげに、集まった僧の家柄をたずね、身分の低い家柄の者を辱めていたのです。一休はその言葉に思わず息を呑み、耳を覆って、法堂《はっとう》を飛び出しました。そして悲憤のあまり、二偈を作って漢詩の師匠の慕喆《ぼてつ》に提出します。

一休の激情に対して慕喆はこう答えます。

「今の禅宗の腐敗はお前一人で正せるものではない。あと三十年待て。その日が来るまで忍ぶのだ」

家柄を自慢しあう僧侶に囲まれた時「わたし天皇の息子ですが、何か？」と言えば、みんなをシーン……と黙らせることができたでしょう。しかし身分に身分でもって黙らせても、お釈迦さまの説く、人間はみな平等だという教えの前では虚しいのです。醜悪なのです。そこが水戸黄門とは違います。水戸黄門なんて、結局最後は家柄の権威で悪者をひれ伏させるんだから……ま、フィクションですけども。

その後、一休は次のような漢詩も書いています。

僧に尊卑はない

大鑑慧能《えのう》も馬祖《ばそ》道一も、素性をただせば、
木樵《きこり》と蓑作りであって卑しい職業の出身である、
しかし、彼らの教外別伝《きょうげべつでん》と云われる教えは、経典の説を越えている。
お粗末な禅僧たちは、井戸の底で威張っているのだ、
憐れなことに、彼らの皮膚の下には、血が通っていない。

慧能も馬祖も中国のビッグな禅僧です。教外別伝とは、仏の教えの肝心なところは経典などの言葉によって伝わるものじゃなく、直接心から心へと伝えるものである、ということ。

一休さんが膨大な漢詩を作っていたことは『オトナの一休さん』をやるまで知りませんでした。読んでみたらこれがなかなか、かっこいいのです。千首を超える漢詩は『狂雲集』というイカした名前の詩集にまとめられています。

漢詩というと漢文の授業で習った李白や杜甫のような世界を思い出すし、一休さんが十三歳の時に父と母のことを思って作った漢詩は、そんな雰囲気もあります。しかし、こういうふうに作れば褒められる、みたいな感じもして、ちょっと優等生っぽいですね。実際、少年時代は意外にも真面目な人なんですよ。

ぼくが一休さんの漢詩で好きなのは、真面目を脱して破戒僧になってからのものです。恋に悶える愛欲漢詩、情事をあからさまに綴ったエロ漢詩、禅門禅僧への悪口漢詩、高らかに自分を持ち上げておきながら時々自己嫌悪になる正直漢詩……あと意外にのんびりしたのほほん漢詩も時々あって、それもいいです。

もちろん、漢詩なので、いくら内容がエロでも悪口でもそのまま読んではチンプンカンプン。古典をふまえているところも、漢籍の教養がなさすぎるのでわかりません。現代語訳は最初、石井恭二さんの『一休和尚大全』で読んだのですが、それがかっこよかった。この本では主に石井恭二さんの訳を使わせてもらってます。かっこいいというのもミソで、何かと三の線にされがちな一休さんなので、詩だけは二の線というギャップ萌えができるからです。

一休さんの恋愛漢詩四つに絵をつけてみました。

恋する法師一休

俺の生涯は情交を夢見るだけ、悲しいことだ、
乱れ散る煩悩の紅い糸が、脚に纏い付く。

生涯雲雨不勝愁
亂散紅絲纏脚頭

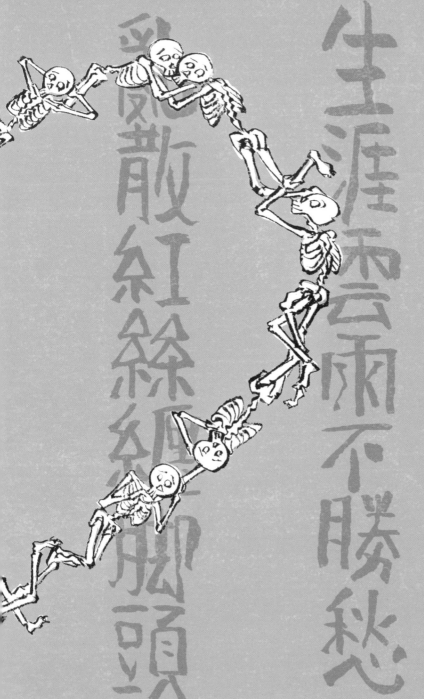

自愧狂雲妬佳月
十年白髪一身秋

戀法師一休

狂い雲が月を隠し、あの妬月子を恋しているのが恥ずかしい、
白髪頭が、もう十年も秋風に吹かれている。

遣妾
狭路相逢説
向君風流可
愛老婆
裙

楚臺無夢檐頭雨
恨隔天涯萬里雲

女を口説く

町の狭い路で出会って話しかけた、
君の着物の裾は、風流で愛らしいですね、
しかし、軒先の雨だから、
楚台の仙女のような雲雨の夢はありません。
空を遥かに隔てる雨雲が恨めしいですね。

題婬坊
美人雲雨愛河深
樓子老禪樓上吟
我有抱持唼吻興
竟無火聚捨身心

遊女屋に題す

性愛の露に濡れ深む美人の婬、
遊女と俺は妓楼の褥《しとね》に愛歓をともにする。
俺は抱擁し、口を啜り、風流を尽くす、
煩悩に燃えさかる、炎のような、
この肉体と心を捨て去るつもりは、さらさらない。

愛念愛思苦胸次
詩文忘却無一字
唯有悟道無道心
今日猶愁沉生死

愛の思いが胸を苦しめる、
詩も文章も忘れてしまった。
俺には、悟りへの道はあっても、
仏道を求める心はなかったのだ、
今、それでも、一生が煩悩の中に
沈み込んでしまうことを悲しむ。

醉郷藁屋我家山
燭影三更對玉顔、
夜雨無愁歌吹海
姮娥須是墮人間

陶酔境の藁屋が、私の住み家だ、
燈火に照らされて、夜更けに美人と向きあうのだ。
夜の雨も気にならず、歌と笛を楽しむ、
月の精の美人よ、人間世界に堕ちてこい。

仏教では恋も煩悩でしょうけど、一休さんの人生は色恋と共にあります。後ろめたい気持ちは感じられません。隠れてコソコソやってるわけではないのですが、詩の中には妄執から逃れられぬ僧がいますね。胸に熱くこみ上げる感情を、ビターな大人の情感に包んでいる。

これは石井恭二さんの訳の雰囲気という要素も大きいのかもしれません。石井恭二さんとは全然方向性の違う富士正晴さんの訳（『一休』日本詩人選27）も愉快です。三つほどあげてみます。

婆さん親切　泥棒に梯子《はしご》
清らか坊主に嫁はんまでやる（あほらしや）
今夜美人がもし（わしと）契るとならば
枯やなぎの爺さんだって　も一度切株から芽がにょっきり

エロスは　胸を苦しめる
詩文は忘却　すっからかん
ロゴスあれども　パトスなし
まだまだ気になる　生き死にが

先にあげた「恋する法師一休」（32ページ）という詩は富士正晴訳ではこうなります。

生涯の雲雨《ロマンス》　追憶の涙
乱れ散る煩悩紅糸《こうし》　脚にまつわる
愧《はず》かしいわい　狂雲は澄んだる月をねたんでる
十年越しの白髪には　わが身一つの秋だわい

どうです？　訳によって全然雰囲気が違うでしょう。

訳には意訳がつきものですが、もしちゃんと禅のバックボーンまで読み込みたいなら一休研究の第一人者である芳澤勝弘先生の訳（『別冊太陽　一休』他）がおすすめです。

現在、一休さんの直接の資料として残っているのが、弟子たちの書いた『一休和尚年譜』と一休さんの作である漢詩集『狂雲集』、兄弟子養叟宗頤《ようそうそうい》への悪口ノート『自戒集』のみです。一休さんの直接の発言の多くは詩の形で残っていることになります。

詩だから、客観的な記録ではありませんし、事実かどうかはわかりません。

ぼくは現実に材を取って創作する場合、フィクションを溶かし込むことで作品になってくるなって思うんです。その作業は創作の快感と関係しています。ゴッホの風景画も、単純に写実ではなく自分の造形感覚を入れた風景になってますよね。絵を見て面白い、気持ちいいと感じる時は、作者の快感をこちらも味わっているということです。一休さんの漢詩の全てが事実でないとしても、作品になっているおかげで、快感を共にすることが出来るのです。はるか昔に一休さんの心に映ったものを、今の自分の心に映せます。

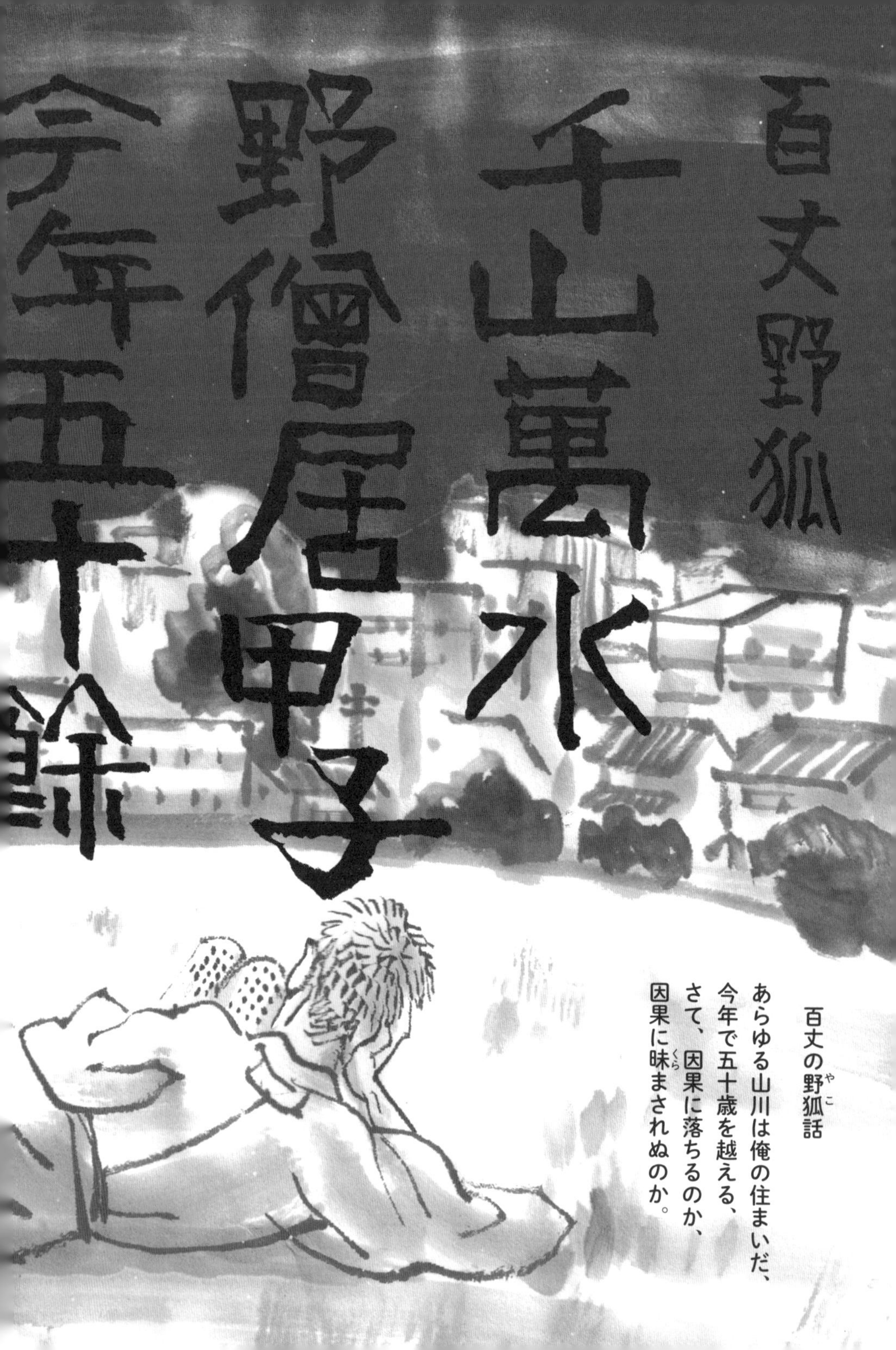

百丈の野狐《やこ》話

あらゆる山川は俺の住まいだ、
今年で五十歳を越える、
さて、因果に落ちるのか、
因果に昧《くら》まされぬのか。

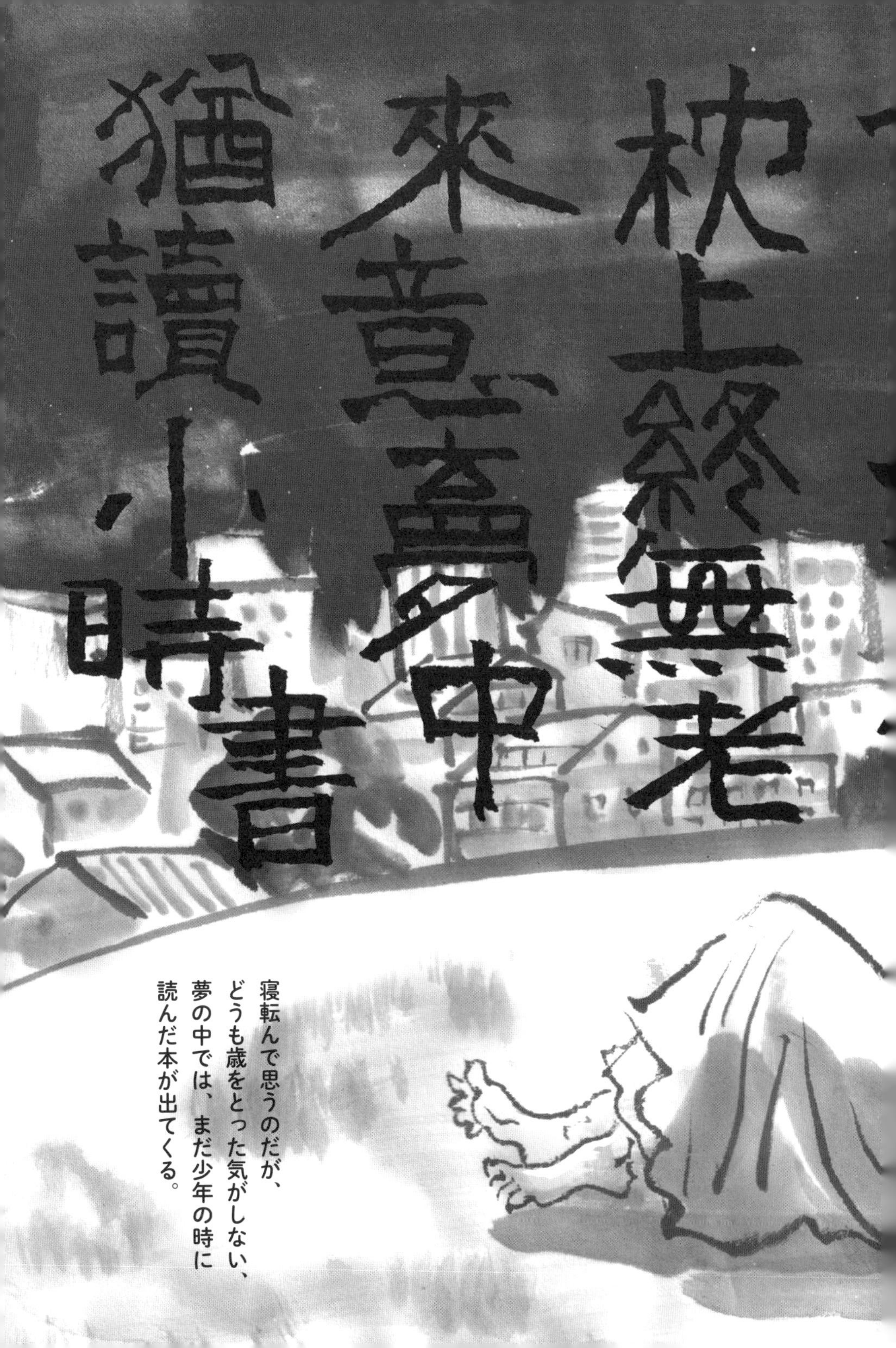

寝転んで思うのだが、
どうも歳をとった気がしない、
夢の中では、まだ少年の時に
読んだ本が出てくる。

ぼくは今年でちょうど五十歳なのですが、一休さんが五十歳の時に詠んだ漢詩のように、ぼくもどうにも歳をとった気がしません。

また一休さんは詩や文章についてこういう態度であることも打ち明けています。

文章を嘲る

人は誰でも、牛馬など畜生の愚かさを具えている、
詩文作りは、地獄行きの作業なのだ。
自分を偉そうに見せる苦心が、そこにはある、
注意せねばならぬ、すぐ近くに魔物がやってきているのだ。

師匠と一休さん

一休さん、二十一歳の時には、なんと自殺をしようとしたこともありました。

原因は、師匠の謙翁宗為《けんおうそうい》が亡くなったことです。一休さんは十七歳の時から謙翁の下で修行をしてました。謙翁という人は、師匠からの印可状（仏法の免許皆伝書、悟りの証明書みたいなもの）を謙遜して受け取らなかったので「謙翁」という名前で呼ばれていたのだそうです。

謙翁は「周建（この頃はまだ一休という名前ではない）には伝えるべきことは全て伝えたが、自分が印可状を受け取っていないので、周建のことも証明することはできない」と言いました。「悟りなんて自分の問題なのに、他人に認めてもらうなんておかしなことだ、さすが我が師匠！　真の禅僧だ！」と一休さんは深～く感銘を受けました。

一休さんは生涯、印可状が大嫌いでした。

次の師匠、華叟宗曇《かそうそうどん》（一休という名前をつけてくれた師匠、この人も清貧で厳しい人だった）の門下に入ると兄弟子に養叟がいました（一休さんの物語には欠かせない十八歳年長のライバル。たいてい悪役として描かれる）。

養叟は、華叟の頂相に賛を求めて師匠に書いてもらったことがあったのですが、養叟はこれを印可と勘違いして、人に話しました。この勘違いに華叟は激怒。その絵を奪って火にくべようとしたところ、一休が進み出て「今ここで燃やされては兄弟子の面目がなくなります。師匠が亡くなってのち、兄弟子が、もしこの賛を印可の証明などと口にすることがあれば、私は身に代えてでも破り捨てるのでご安心ください」ととりなし「兄弟子よ、よくよく忘れないでくださいよ」と言いました。

こんなこと言われては逆に養叟の面目丸つぶれじゃん。このエピソード、一休さんてちょっと嫌なやつじゃない？　と思いました。養叟とはこの後も印可状を巡って何度ももめて、最終的に絶交までします。

華叟は一休が二十七歳の時、一人前の禅者になったことを認めて、印可状を授けようとしたのですが、この時も一休は頑として受け取りませんでした。

一休さんは、自分は印可状受け取らないし、弟子にも与えない。五十七歳の時にこんな内容の宣言文を書いてます。

「私は、これまでに誰にも印可を与えたことはありません。私が恐れることは、自分がこの世を去った後に、印可の証文を持っていると言い出すやつが出てくることです。もし仏法がわかった、悟ったと自称する者があれば、証拠の有無にかかわらず、直ちに獄につないで欲しい」

獄につなげとは厳しいです。

とにかく一休さんは印可状という証明書が大大大嫌い。印可状って、禅スピリットからすればおかしなものですよね。貴族や武士にも参禅する人は多かったので、そういう社交の場で、印可状は禅僧にとって使い勝手のあるものだったのでしょうか。どこの大学を卒業したとか、どこにお勤めだとか、肩書きはいつの時代でも有効ではありますが。

そう、自殺未遂の話でした。多感な時期に強い影響を受けた師匠の謙翁が亡くなって、心の支えを失った一休さん。師匠は清貧の極みだったので、お葬式もあげられません。それでトボトボ足取り重く琵琶湖のほとりまでやってきて、一休さんはついに瀬田橋から身を投げました。

いや、身を投げようとしたその時、一休さんの母の使いが駆けつけて、「死んではいけません、不孝の子となりましょう。仏の道は深く遠いのです、焦ってはなりません」と留めたのです。

……って『一休和尚年譜』には書いてあります。うまいこと助けが現れたもんですな。

これは一休さんが弟子たちにそう語ったのか、弟子たちが脚色したのかはわかりませんが、なんにせよ、死ななくてよかった。

ぼくはイラストレーターなんですが、イラストレーターって芸大や美大を出てるからって、その肩書きでどうにかなるもんじゃないんですよね。権威が通用しない世界で、仕事が来ることだけが、自分がイラストレーターであることを証明してくれる、ある意味やけに現実的な仕事なんです。ぼく自身、美大には行ってません。

美大に行きたかったけど、絵で食っていくなんて無理なことだと、最初からあきらめてたんで、受けることさえしなかった。三流大学を卒業して、このまま就職して趣味で絵を描いていくつもりでした。でも、やっぱり一度きりの人生なんだから、やりたいことに挑戦してみようとドロップアウトしたのです。

それで、絵の勉強をするために、長沢節《ながさわせつ》という人が主宰するセツ・モードセミナーという学校に行ったんですが、理由はいちばん授業料が安かったから。しかもこの学校、入試がないんです。先着順で入れる。応募者多数の時はくじ引き。出席も取らなければ、単位もない。だから学歴にもならない。世間では「自由の学校」と言われていました。

〈自由の学校？　私が君たちに願うことは唯一つ。美しいものが本当に分かる人間になって欲しいということです。人生において美しいものは必ずしも絵だけではありませんが、絵を描くという実践の中では、少なくとも君たちは美と醜についてもキビしさの中に立たされます。自分の一生の中に果たして「美」をとり込み得るかどうかの岐路に立って決断をせまられている若者たち……それが私には今やヒトゴトではなくなってしまったといえるでしょう。

だから若者に対してとかく私は強引であり、ときにセッカチであり、君たちが「自由の学校」なんてイメージで甘えてくると、とんだ番狂わせが起きるでしょう。一見私がどんなに反自由のように見えるときがあっても、それでも私は自由の戦士だという自負

だけは失っていないし、ここが日本唯一の自由の学校のつもりなのです。〉

学校の薄いパンフレットにはこんな入学案内らしからぬ言葉が書いてありました。横道にそれすぎるので、長沢節について詳しくは書きませんが、入学してみたらセツ・モードセミナーは、僧堂のような厳しい場所とは真逆の楽しい学校でした。

とにかく長沢節という七十七歳の老人がめちゃくちゃ面白い人で、そしてめちゃくちゃ変わり者だった。自分で発明した足より細い「セツパッチ」というパンツをいつも穿いていて、ショッキングピンクのシャツなんか着てる。ひゃーかっこいい。こんな格好、他の人がやっても様にならない。先生に会うだけでドキドキしちゃう。今でも長沢節以上に面白くて変わった人に出会ったことがない。

世間の価値観とは違う生き方に挑戦して、実践している人でした。人間というのは環境によって作られるわけですが、ものを作ることによって自分の環境を変えていくことができる。そして自分の作った環境の中で自分が変わり、そこにやってきた人間にも影響を与える。

学校は自由なんだけど、ピリッとした美意識が流れていました。出席を取らないから、やる気のない人は自然に来なくなるんですね。その分学校の雰囲気はよくなる。

愛の本質は移ろいゆくものだからと、長沢先生は独身を通していました。先生はゴツゴツと骨ばった人間の形を愛していた。先生の好きな美少年は顔じゃなくて骨美のほう。ちょうど入学した時、オウム真理教の地下鉄サリン事件があったんですが「おい、教祖の麻原彰晃はブタみたいだけど、幹部はみんな痩せてててカッコいいな」って言って、ぼくの耳をぎゅーっと引っぱるんです。それで「世間じゃセツのことオウムみたいだって言ってる人もいるみたいよ、プッ！　バカみたいね」ってニカッて笑った。その笑顔についつりこまれる。

長沢先生はカリスマ性がかなりある人でした。確かにちょっと宗教的なところあるんです。それはさっきも言ったように、自分で見つけた価値観で生きていたからだと思います。「出家」には本来そういう意味があると仏教学者の佐々木閑《しずか》さんの本で読みました。

独自の自由を体現していて、太陽みたいに明るくて快活な長沢節、こんな人間見たことない！　ってゾッコンになったぼくは完全にセツ信者になりました。自分を忘れるくらい他人に惚れ込んだはじめての経験でした。

その先生が、一九九九年に八十二歳でスケッチ旅行中、事故で死んじゃったんです。乗っていた自転車がこけて頭を強く打ってしまい……。

言葉にできないくらいショックで、生きていけないくらい悲しかった。

一休さんが自殺したいくらいに絶望したのは、あの頃の自分を思えばよくわかるんです。

長沢節の考え方や生き方は、今でも自分のどこかに根を張っていると思います。

たぶん共通するのは、一休さんの師も、ぼくの先生も、自分というひとりぼっちの個人が世界に向かっていく姿勢を、身を以て教えてくれた人ということでしょうか。自分は自分で証明していくしかないのです。

一休さん、売り出す

小説家であり、

文藝春秋の社長でもあった菊池寛のところに、ある若手作家が売り込みに来ました。彼の小説を読んだ菊池寛は面白いと思ったのですが「有名になったらまた来てくれたまえ」と言って彼を帰らせました。

このエピソード、山本夏彦の本で読んだ記憶があるのですが、改めて確かめてはいません。たとえ記憶違いでもぼくの心に残っているので、このまま話を進めましょう。出版社としては雑誌の表紙には有名な作家の名前が欲しい。無名な作家の名前がズラリと並んでいても売れないのです。たとえ作品が面白くても。

「有名」は中身を伴わなくても、有名それ自体に価値があります。ぼくはよく「有名になりたい」と言ってるのですが、ちやほやされたいわけじゃないんです。いえ、ちやほやもされたいです。でも、有名だったら自分の作品が多くの人に接する機会があるということ。せっかく苦心して描いた絵を並べて展覧会をしても、無名だったら、友達か親戚くらいしか見にきてくれません。絵に魅力があれば、一人か二人、誰かが絵に引き寄せられて、見に来てくれるでしょう。それで御の字かもしれません。

でも、くやしいですね。ぼくの無名時代は長く、ちょっとは改善されたかもしれませんが、基本ずっとくやしい感じのままです。ああ、もっと有名だったらなぁ。でも有名になる努力をしたかというと、あんまり出来てないんですよね。どうやったら有名になれるのかよくわかりません。

一休さんがどんな人間だったか、はっきりとつかむことは難しいですが、目立ちたがり屋のアテンションプリーズ男であったことは百パーセント断言してよいと思います。

二十九歳の時、一休は如意庵《にょいあん》で開かれた言外宗忠《ごんがいそうちゅう》の三十三回忌の法会《ほうえ》に、腰痛の師匠、華叟のお供として参加しました。その時の一休さんの格好がすごい。ボロッボロの衣を着て現れたのです。

「一休や、お前はどうして正装をしてこないのだ」

と華叟がたずねると、

「私がみなさんを立派に見せているのです」

と答えました。

普段からそんな格好をしていたのかもしれませんが、着飾った他の坊さんたちを批判する衣装でもあったわけです。きっと如意庵はざわついていたと思います。あいつ誰やねん、誰の弟子やねん、何してくれとんねん、と。

華叟は食事が終わった後で休んでいると、ある僧にたずねられた。「和尚の後に、あなたの法を継がせるのは誰ですか」華叟は「風狂人ですが、ここに宗純がいます」と答えた。

あのボロッボロの衣の僧は一休宗純という名前らしい、と集まった僧たちに覚えられたでしょう。有名ポイントを稼いでます。受け取り方によっては悪名に捉えられかねない、ギリギリのパフォーマンス。こういうことをやれる人でした。この時の一休さん、どんな顔してたんでしょうね、してやったりの得意顔だったでしょうか。

「一休、お前はなんて格好で来たんだ」

「いや、す、すみません、あいにくこれしか持ってなくて。でも、ほら、私がボロを着てるおかげで、みなさん立派に見えるじゃないですかぁ」

みたいに答えて、一同を笑わせる（皮肉られているとも知らずに）。そして宗純、ちょっとテレる。そういうバージョンもあり得ますよね。どういうふうなニュアンスで仕掛けたんでしょうか。

お釈迦さま時代の袈裟は、ゴミ溜めに捨てられた布や、死者が纏っていた着物を再利用して作ったそうで、「糞掃衣《ふんぞうえ》」とも呼ばれてました。ですから一休さんのボロッボロの袈裟こそが僧侶本来のドレスコードなのです。

一休さん、四十二歳の時。この頃は堺にいました。街に出る時はいつも剣を手にして、剣の柄をバシバシ手で打って、見る者を挑発しました。僧侶が剣を持つとは物騒な。不思議に思った者が一休にたずねた。

「剣は人を殺すためのものでしょう。お坊さんには用はないでしょうに」

「いやいや、よく聞け、世間の偽坊主はこの木剣みたいなものじゃ」

スラリと抜くとなんと中身は木剣だった。続けてこう言い放ちます。

「鞘におさまっておれば本物に見えるが、抜いたら木片だ。人を殺すこともできなければ、人を活かすこともできん！」

これを聞いたみんなは大笑いしました。


このエピソードは、「朱太刀像《しゅだち》」と呼ばれる頂相が描かれる基になった話です。その頃の一休さんを描いた絵が奈良国立博物館にあります。頂相にはよく、漆黒の長い杖が立てかけてあったりするのですが、独自の工夫で長い朱太刀に変えて描かせてます。

「朱太刀像」はいくつも描かれているので一休さんはよほどこの挑発行動が気に入っていたと見えます。ご自慢の逸話だったのでしょう。街で聞いていた者は大笑いしたとあるので、当時の坊さんたちの胡散臭さには、みんなも辟易していたわけです。

ただ批判するだけじゃダメなんですよね。芸がないと。

ぼくは毒のある絵も、人をおちょくった絵も好きだけど、ちゃんと笑いがないと好きになれないんです。批判自体に芸があるわけではなくて、笑いにまで持っていくことが芸だと思うから。法会にボロを着て行った時も、ただ抗議のためではなくて、そこでひと笑いあったらいいなと思うのです。どうすれば真をつけるか、ビジュアル的なインパクトがあるか、一休さんは前もってあれこれ考えて工夫していたはず。そういう一休さんのアイデア出しの時間を想像するのが楽しいです。

奈良国立博物館蔵の頂相に基づく

俺、売り出しに失敗す

一休さんに有名になる方法を学ぶとしたら、奇行とも取れる行動を起こし、名前を上げていくことでしょうか。一休さんのおかげで、ぼくにも有名になれるチャンスがやってきたことがありました。

二〇一七年の秋。一休さんゆかりのお寺、大徳寺の塔頭、真珠庵の襖絵を描くことになったのです。

ことの経緯はこうでした。

普段、真珠庵には曾我蛇足や長谷川《はせがわ》等伯《とうはく》が描いた襖がそのままはめてあるのですが（これは珍しいことで、レプリカをはめているお寺が多い）、傷みも強くなってきたので、修復に出すことになりました。その代わりに四百年ぶりに新しい襖を入れる。そこに絵を描いて欲しいという話でした。『オトナの一休さん』を見て、山田宗正《そうしょう》住職が依頼してくださったのです。

はじめて訪れた真珠庵。禅寺ってこんなに美しいんだと感激しました。大いなる静寂がしっとりとお寺を包んでいます。どっしりとした檜皮葺の方丈の、開け放たれた障子から枯山水の庭を見ていると、からっとしたさわやかな気分が満ちてきます。

自然の中での修行を理想とする禅宗において、庭に深山幽谷の景色を作ったのが枯山水です。お庭も建物も人の手で作ったものなのに、肌にあたるのは山中の自然と同質のツブツブ粒子。空を見上げても、木立の向こうには電線一つ見えません。カラスの鳴き声も東京で聞くのとはなんか一味違う。いつもはメールが届くと、すぐに返事するタイプなのに、真珠庵にいる間は返信が億劫でなりませんでした。SNSを追っかけるのもめんどくさい。ここは京都の町の中のはずですが、自然の中にいる心持ちになっちゃうんです。

一休さんの木像頂相にもはじめて対面しました。一休さんは思いのほか厳しい表情で、暗がりの中からぼくを凝視していました。今更ながらアニメで勝手に描きまくっていたことを報告し、深く合掌しました。

この襖絵新調プロジェクトは、ぼく以外に、北見けんいちさん（漫画家）、山賀博之さん（アニメ監督・ガイナックス創立者）、上国料《かみこくりょう》勇さん（アートディレクター・イラストレーター）、濱地創宗さん（日本画家・僧侶）、山口和也さん（美術家）の計六人が参加しました。

この制作の様子を「NHK-BSスーパープレミアム」が4K撮影で密着取材することになったのです。よしっ、これは有名になれるチャンスだ！　とはりきりました。

山賀さんと上国料さんとぼくの三人が真珠庵で合宿するところから、襖絵制作の撮影ははじまりました。坐禅や庭掃除などの作務《さむ》も三人でやりました。

ディレクターの小林さんに前もってスケジュールを聞かれた時「一泊二日くらいで描けるかなぁ」と答えたのですが、「え、それで描けるんですか？」と驚かれました。そんなスケジュールの人は他にいないと。上国料さんは「四百年後も残るつもりで描く」とおっしゃってた。そんなふうに思って取り組んでるんだ？ってぼくはびっくりしましたね。確かに大災害でお寺がなくならない限り四百年後も残ってる可能性はあります。そう考えると逆に変な色気が出るような気がして、「描き終わったら蔵にしまわれる」程度の気持ちで臨んだほうがいいと思ったのです。実際、水墨画って速く描けるんですよ。

例えば、真珠庵の襖絵（商山四皓図《しょうざんしこうず》）を描いた長谷川等伯は同じ大徳寺の三玄院の襖にも山水図を描いています。等伯は三玄院の住職に襖絵を描かせてくださいと頼んだのですが「絵など必要なし」と断られてしまいます。どうしてもあきらめきれなかった等伯は、住職の留守中に勝手に上がりこんでバババッと描きあげたのです。だから、一泊二日でイケると思いました。「え、そんなに早う帰られますん？　仕事道具でも持ってきてこっちでゆっくりしていかはったらええのに」という和尚さまの言葉もあり、せっかくなので、三泊四日に延ばしました。

水墨画は速く描けますが、仕立てられた襖に描くので、やり直しができません。一回の集中力が続く五時間の間にほぼほぼ描きあげたかった。

廊下に襖を並べて、太陽光の下で描きはじめました。幸い秋晴れで、十月だというのにTシャツ一枚でも汗をかくほど。カメラも回るし、山賀さんと上国料さんも見学に来るしで、集中できないかなと思ったんですが、意外に集中できました。出来栄えに納得はできなかったけど、実力以上でも以下でもないって感じだった。奇跡は起こらなかったってことです。傑作はいつもまぐれで生まれますから。

描き終わってから、この絵はどんなもんかな〜と思って自作を見つめていました。失敗だったかなぁ……見つめていれば絵が良くなるわけではないのですが、絵を描いた後にはこういう時間が必ず訪れるのです。

真珠庵には田代さんという、先代和尚の時代からお手伝いに来ている八十歳ぐらいの女性の方がいらっしゃるんですが、襖絵を見に来て、「アラ、この襖絵ええどすなぁ〜、ちょっと和尚さん見てみなはれ、これよろしいわ〜」って何度も褒めてくれました。なんでも田代さんは「長谷川等伯の立派な襖絵があるのに、なんで漫画みたいな絵を描かなあかんの」って思ってたらしいんです。少し救われました。

他の人と違って、ぼくには一休さんのお寺に一休さんの絵を描くという、これ以上ない明確なテーマがありました。しかもアニメを描くにあたり、下調べやキャラクター作りも出来ている。何しろアニメを作っていた期間に七百五十枚近い一休さんの絵を描いていたことが、襖絵の準備期間にもなっていたのです。だから三泊四日にしたけど、実質、ほぼ一日半くらいで描いてしまって、最終日は、美術鑑賞が趣味だとおっしゃる田代さんとのんびりお茶していたのでした……しかし、これが裏目に出ました。

放送日は二〇一八年四月二十一日。「真珠庵に集まってみんなで酒を飲みながら見るんですが、来ませんか？」と山賀さんからお誘いを受けて、京都まで出向きました。みんな酒でも飲まなきゃ恥ずかしくて見られないようです。

ディレクターの小林さんは番組のはじまる前に心苦しそうにぼくに告白しました。

「すみません、伊野さんの出番がとても少なくなっていまして……でも、めっちゃカッコよくなってますんで！」

さて、どうなってるんでしょうか。

夜九時、『傑作か、それとも…京都 大徳寺・真珠庵での格闘』ははじまりました。番組では山賀さんと上国料さんが二人で真珠庵合宿をはじめたことになってました（本当はぼくも一緒に合宿してたんですが）。なかなかぼくは現れません。

二人が何を描くか悩んで、なかなか手がつけられない状態になっている時に（本当は二人とも構想は決まってたんですが）、風のように颯爽と真珠庵の門をくぐる男が現れました。テンポのいいBGMがついてます。彼の名はイラストレーター伊野孝行！　みたいな登場の仕方で、やっとぼくが現れたかと思ったら、あっという間に襖絵を描きあげて、そして、また風のように去っていったのでした。

九十分番組でぼくの登場時間は正味三分もなかったでしょう。あぁ、今頃、実家に集まってテレビを見てる親戚一同が「あれ、なんや孝ちゃんもう終わりか？」とか言ってるんだろうなぁ。もう自分が登場することのない番組を見ながら、ぼくはワインをがぶ飲みしていました。

番組は、襖絵に半年（！）もの時間をかけた、北見けんいちさん、山賀博之さん、上国料勇さんの三名を中心として、その格闘ぶりをテーマに作られていました。片や、ぼくは実質一日半。自分には格闘がなかったかと言えば、ありましたよ。絵を描く時はいつも格闘。一筆ごとに迷いがある。ノルかソルかのド緊張の中で描いたぼくの描いてるシーンは早回しでした。そんなのはテレビに映らないのね。ははは。

でも、ディレクターはしっかり見せ場を作ってくれましたよ。風を巻き起こして、風とともに去るのも一休さん的だしね。逆にあれくらい短くないと印象に残らなかったでしょう。ドキュメンタリーとはフィクションの一形式のことだと思ってます。

ただ、有名にはなり損ねました。素直すぎました、ワタクシは。

山賀さんなんて、自分の両親まで出して、いろんなことをさらけ出しておきながら、最後の最後、一気呵成に描く時には、カメラを部屋から締め出してましたね。被写体でありながら、番組作りを念頭に置いているのかなと思いました。山賀さんは監督が仕事でもあります。上国料さんはＥＸＩＬＥのメンバーや祇園のきれいどころをモデルに呼んできてました。ぼくが去った後にいろんなことがあったんですね。祇園にも行ってたんだよね。いいなぁ。そりゃ見せ場になるよ。みんな見せ方考えてんな〜。

それはともかく、建物自体が重要文化財の真珠庵に寝泊まり出来るんだから、和尚さまの手料理に舌鼓を打ったり、ゴロゴロしながらでも、もっと居座ればいい経験になったのになぁ、と今でも惜しく思います。

一休さんがぼくならどんな演出を考えたでしょうかね。

風狂狂客起狂風
来往婬坊酒肆中
具眼衲僧誰一拶
画南画北画西東

大徳寺真珠庵　大書院襖絵（本人提供）

対談 一休問答 その一

飯島孝良×伊野孝行

ゴッホと一休

伊野　おひさしぶりです。飯島さんとは二〇一八年に酬恩庵一休寺でお会いして以来ですね。ぼくは「祖師と肖像」っていう展示をお寺でやらせてもらっていて、芳澤勝弘先生[1]とのトークイベントの日でした。一休研究者の飯島さんが客席にいらっしゃったのがプレッシャーで。そのあと、フェイスブックではお友達だったんですが、投稿を見ていると、飯島さんが「コサキン」などのラジオ好きであることがわかり、この人とならざっくばらんな一休話ができるんじゃないかと思って（笑）。

飯島　それは光栄ですね、ラジオ好きな伊野さんにヘビーリスナー[2]ということを認めてもらえたのが（笑）。何せ、ぼくは子守唄代わりにTBSラジオを聴いて育った人間なもんですから。そこに一休も共通テーマになるというんですから、なおさらありがたいことで（笑）。

今回のキーワードとして、「自画像」というのがすごく大きいのかなと勝手に思って、今日はやって来たんですよ。伊野さんは、作品集の『ゴッホ』や『画家の肖像』の中で、ゴッホはすごく頭が整理された人だということをお書きになっているじゃないですか。

伊野　ゴッホの絵に狂気はないと思うし、情熱だけでも描けない。でも映画で役者が演じる時なんかは、キャンバスをイーゼルにかける時間も惜しいって感じで、いきなりフェンシングみたいに筆で突っつきまわしてる。絶対あんな描き方しないと思うんですけどね。ぼくはゴッホの絵を見ると、すごく落ち着いた気分になるんですよ、ポカポカした縁側にいるような。「狂気の画家」とか言われちゃってるけど、絵も文章も明確で、かなり理知的な人だと思うんですよね。全然混乱した人じゃないはずです。

飯島　ぼくもまったくそう思うんですよ。作品を観る限り、ゴッホはすごく静謐な、精神の統合された人だと

◆1……芳澤勝弘（一九四五〜）花園大学国際禅学研究所顧問。白隠研究をはじめとして、日本の禅文化を広く深く研究、「別冊太陽　一休―虚と実に生きる」、Eテレ『オトナの一休さん』の監修者でもある。パイプの似合うダンディな先生。

◆2……「コサキン」は、小堺一機・関根勤が一九八一年に開始したラジオ番組。「意味ね〜」「くだらね〜」ネタで熱狂的リスナーが多い。最終回イベントに参加したくて、はがきに〝看護師姿の高橋英樹と北大路欣也〟をコラージュして応募したら、熱意を買われたのか当選できました。（飯島）

いう印象があったんですね。そういうゴッホと一休の姿というのも、ぼくの中で共通しているところがあるように思うんです。行動からみれば、どっちもめちゃくちゃじゃねえかと思われるんですけれども、本人の中では透徹した認識があってこそ、表現そのものは暴れまわるようなものになるように感じるんです。そういう意味では、もしかしたら、ゴッホと一休が伊野さんの中でも何か重なってるんじゃねえかと感じていたんですが、どうでしょうね。

伊野　気づいてなかった（笑）。一休さんも、常軌を逸した破戒僧というレイヤーの下には、落ち着いて整っている一休さんがいるのかもしれないですね。ゴッホと一休さんは肖像画がたくさん残っている点でも共通点はあるんですよね。

飯島　肖像画というものは、いろいろな見方ができると思うんです。例えば、奈良国立博物館にある一休の頂相（55ページ）は、だいたい五十代の時の一休さんですね。すごく精悍な顔しているんですよ。

伊野　あんまりアクがないですね。優男。めずらしく髪も髭も剃っている。

飯島　男前ですよね、すっきりしていて。

伊野　これ、一休さんが五十代の時の顔ですか？　それとも五十代の時に若い頃の顔を描かせたんでしょうか？

飯島　これは「一休朱太刀像」ともいわれるヤツで、一休がこの朱太刀をふるって堺の市中を歩いて、己を認めない連中を批判した逸話をもとにしたものですよね。『一休和尚年譜』の記述に従えば、四十二歳の時の話なんです。けれども、この肖像自体は、頂相の成立時期を考えるとたぶん五十四歳ぐらい。

伊野　じゃあ、外見はこの後にずいぶん変わったってことなんですかね。

飯島　そうなんですよね。だから、こういう一休さんもいた。

二〇一六年に、上野の東京都美術館で催された「ゴッホとゴーギャン展」で、ゴッホが描いた革靴の絵と自画像とが並んでいるのを観る機会があったんですね。描いたゴッホは三十歳ちょっとだったと思うんですけれども、伊野さんの表現を借りれば「頭の中が整理されている」、非常に落ち着いていて認識がクリアなゴッホの面構えだな、という印象がありました。

飯島孝良《いいじま・たかよし》

一九八四年、東京・葛飾生まれ。専攻は、禅文化史・日本宗教思想史。二〇二一年度より、花園大学国際禅学研究所研究員。主な著作に、「一休はどう読まれてきたか」（芳澤勝弘監修「別冊太陽 一休―虚と実に生きる」平凡社　二〇一五）、「禅・華厳と日本主義」（石井公成監修／近藤俊太郎・名和達宣編『近代の仏教思想と日本主義』法藏館　二〇二〇）など。カラオケの十八番は、やしきたかじん「やっぱ好きやねん」と中島みゆき「宙船」。

五十四歳の一休の顔というのは、このゴッホと重なる部分があるとも思うんですよね。ゴッホは、若い頃に牧師を志しながら挫折したり、宗教的な求道心は並々ならぬものがありますよね。ゴッホはレンブラントの「ラザロの復活」も模写していますが、キリスト教画をいくつも制作する意義は、そう小さいものではなかったと思います。非常にクリアな認識の底にあるマグマみたいなものは、そうした宗教への熱情に支えられてある。これは、美術史的に言おうというわけではないので、単に美術好きな人間として思っているだけですけれどもね。

厄介な肖像画

伊野　一休さんもゴッホもインテリなんですよね。ゴッホはモデルのいない時に、手っ取り早く自分の顔を描いてたのかもしれないけど、一休さんの肖像画はなんでこんなにたくさん残ってるんですか？　禅僧の中でも特に多いほうなんですよね。それだけ欲しい人がいたっていうことでしょうか。

飯島　禅僧は偉い人であればあるほど描かれますね。それから、そこに付される画賛が、描かれた禅僧の自己表現となっている場合や、弟子などが書く場合もあるんですよね。これが頂相を面白くさせていて、自分にとってはすごく大きいテーマなんですが……ちょっとだけ、あんまりしたくない真面目な話をしますが、いいですか。

伊野　してください（笑）。

飯島　一休の場合は、直弟子の没倫紹等が描いているというのがすごく大きくて、いわば

これは直弟子が師の境地をどう理解したかが表明されたものになる。

伊野　いちばん有名なのは、東京国立博物館にあるやつですね。

飯島　没倫の描いた頂相としては、パリのギメ美術館蔵のものもあるんですが、肖像そのもののタッチが他の作品とは多少異なっているんです。だから偽物なのではないか、という声も聞いたことがあります。ですけれども、それ以上に重要な要素は、賛に「瞎驢邊滅却《かつろへんめっきゃく》」◆3と書かれている点なんです。つまり、「本当の教えというのは破ってこそもう一回立て直さなけりゃならん」と述べられている。これは直弟子の没倫が一休の境地を——ひいては臨済宗をどう理解したかを示すような、とても大きいメッセージだと思うんです。そういう本質的なことが書いてあるのに、それを判断基準にしないでその頂相が本物か偽物かは、そうやすやすと判断できないはずなんですよ。

　こういう重要な作品が、いまだにパリに残されているのはもったいなくて、日本の美術史家の方にはぜひ御尽力頂いて、日本に持ち帰ってきて欲しいんですが。そうすれば、い

◆3……臨済が示寂する際に直弟子の三聖（さんしょう）の境地を確かめ「こんな目のつぶれたロバ（瞎驢）のところで仏法は滅びるのか」と口にしたという逸話（『臨済録』）がある。「別冊太陽　一休」の芳澤勝弘の論考参照。

ろんな研究者がこぞって、本腰を入れて検討していけると思いますしね。

伊野　たしかに頂相の賛は、美術史家には読むのは難しいし、専門分野の違う研究者の間で真贋の見解がぶつかり合うのは面白い話ですね。でも、ギメのはぼくもちょっとイメージ違うなと思ったんですよ。ええ？　一休さんこんな顔になっちゃったかぁ〜と。この顔が一休さんだとは思いたくないって気持ちはあるんです。東京国立博物館の顔（15ページ）からギメ美術館に頭の中でつながんない。ギメのはなんかケーシー高峰みたいじゃないですか？

飯島　となると、エロつながりですかね（笑）。

伊野　あはは、そこでつながってるのか（笑）。でも、酬恩庵一休寺にある木像頂相（17ページ）、あれは東博の一休さんのイメージに近いですね。似顔絵的には立体のほうが平面よりも似せられると思うので、木像頂相はかなり生き写しになってるはずだと思う。だからあれを見て、晩年はケーシー高峰みたいな顔ではなかったと安心しました（笑）。

飯島　弟子の視点から見ても、一休のいろいろな面が見えているはずなんですよね。だから、すごく生真面目な切れ味鋭い部分と、洒脱な面と、あるいは本当にめちゃくちゃな姿もあったでしょうしね。芳澤先生が「一休は厄介な人」とおっしゃってましたけれども、ぼくもそれはいくらでもあり得ると思いますね。ただ、大事なのは、没倫がそういう一休を描いて、そこに「滅宗《めっしゅう》してこそ興宗《こうしゅう》するんだ」という文言を添えたことであって、それはまさに直弟子による一休理解そのものだと思うんですよ。

『オトナの一休さん』では、一休を描いている没倫に、伊野さんご自身を重ねておられることがすごく面白かったです。

伊野　『オトナの一休さん』に出てくる没倫がぼくの顔になってるのは、アニメーターのアイデアだったんですよ。没倫さんのキャラをどうしようって相談してる時に、「一休さんの肖像を描いたのが没倫さんなんだから、アニメで一休さんの絵を描いてる伊野さんの顔にするのはどう？」って。

飯島　そういうたまたまな経緯があったとしても、どこか運命的というかね。

伊野　その時は、何も深く考えないでカメオ出演するつもりでやってたんですけど、あとあと考えれば没倫さんは一休研究においてめっちゃキーパーソンなんですよね。没倫が描いた肖像画や『一休和尚年譜』がなければ、一休さんのイメージは残らなかったんだから。そういう意味で没倫の顔をぼくの顔にしたっていうのは、重すぎでした（笑）。

一休さんとつき合うきっかけ

伊野　飯島さんが、一休さんに興味持ったきっかけはなんだったんですか？

飯島　ぼくが浪人生の時に通っていた予備校に、生涯の師として今も師事している芦川進一◆4先生がおられました。芦川先生はドストエフスキイを長く研究されておられるのですが、仏教にも非常に詳しい先生だったんですよ。その時の自分は、十代終わりだし浪人だから、かなり多感ではあったんだと思います。よく「自分はこれからどうなるんだ」とか「日本とは何なのか」と

◆4……芦川進一（一九四七〜）河合文化教育研究所研究員。西田幾多郎の弟子の一人である宗教哲学者・小出次雄に師事。ドストエフスキイのキリスト教思想を研究するとともに、『ゴルゴタへの道―ドストエフスキイと十人の日本人』では、日本思想史との比較研究も行っている。その類まれな歩みについては、河合文化教育研究所ＨＰに連載の「ドストエフスキイ研究会便り」に詳しい。

か訳も分からず考えさせられていた気がしますね。そこで何か日本の思想を学びたいと思って「日本の思想で欠かせない仏教者というと、誰なんでしょう」と聞いたら、「日本にはすごい坊さんが四人いる」というんです。「白隠と親鸞と道元、もう一人が一休だ」と、そうおっしゃるんですよ。

伊野　一休さんって、そのベスト4に入るくらいすごい人なんだ。

飯島　「へえーっ、その四人なのか、どうしてその四人なんだろう」と思って。でも、その理由はすぐにはわからないですよね、たかが浪人生には。

だから、大学に受かってからはじめての夏休みに一人旅で京都に行って、いろんな寺を回ったんですよ。最後に行きついたのが、京田辺市の酬恩庵一休寺でした。市内から二五キロくらい南にある山間の。残暑厳しい時期でしたから、汗だらけで喘ぎながらたどり着いたのを覚えていますね。

そこで、一休の木像と頂相の面構えにはじめて対面しました。凄みがありましたよ、やっぱり。それから売店には「狂雲面前、誰か禅を説く」という、東京国立博物館にある一休頂相に自賛された有名な一句が、短冊に刷られて売られていて、思わず買って帰りました。この句で「俺の前で禅を説けるヤツなどおるものか」という大自信を表明している。率直に、「なんじゃコイツは」と圧倒されましたね。と同時に、一年前に教わったことを思い出して、「いずれこの一休を研究できたら」とおぼろげに考えたのが、一つのきっかけでしたかね。西田哲学への憧れもあったから、禅の研究はやってみたいとは思っていたんですけれど、本気で思ったきっかけは、やっぱりあの一休の面構えなんでしょうね。

伊野　ほんと、顔が面白いから（笑）。飯島さんにとって、忘れられない夏ですね。一休の顔が一般的に知られるようになったのはいつからなんですか。教科書に載ってからとか？

飯島　教科書に載るといっても、学校で習う日本史の中では一休はあまり重要じゃないらしくて、記述はそう多くないんですよ。肖像が載ったとしても、戦後のことだと思いますね。とはいえ、一休自身は昔からものすごく知られてました。江戸時代から明治・大正時代までは、『一休噺』の一休さんがどうしても中心ですね。

　それが「禅僧」一休、あるいは「破戒僧」一休のように知られるのは、これはは っきりと敗戦後なんですよね。日本が太平洋戦争に負けて、いろんな価値観の解放が起こったりしますんで、それと室町時代に特有の精神性が重ねられてきます。

　つまり、観阿弥・世阿弥による能楽の文化が出てきたり、善阿弥がいわゆる被差別民の中から現れて作庭の文化に寄与したり、そういう新奇の文化が台頭してきた室町時代に着目するわけですね。そうした文化的な気風を象徴するのが一休の精神だという見方が、敗戦後にはけっこう出てくるようになるんですよね。

伊野　一休さんの生き方は室町の時代精神を表していると。日本が戦争で負けてガラッて価値観が変わっちゃう時に、史実の一休さんてすごいんじゃね？　って注目されはじめたんですね。そういう意味ではまた価値観が変わりつつある現在、一休さんに注目するのはいいかもしれない。

飯島　詳しく言うと、芳賀幸四郎《はがこうしろう》という歴史学者がおりまして、この室町文化の専門家が戦中戦後に『東山文化の研究』『近世文化の形成と伝統』などで一休に言及しだしたのが大きいですね。あとは唐木順三が「一休の顔は近代人の顔をしている」という有名な一節を『詩とデカダンス』に書くんですが、このあたりで一休がすごくクローズアップされていきます。

もう一個だけ言っていいならば、ドナルド・キーン。六〇年代半ばに一休の頂相に関する論文を英文で書いていまして、その後に『足利義政――日本美の発見』を書くんです。この中で一休が特に評価されているんですよね。それから、司馬遼太郎との対談である『日本人と日本文化』◆[5]だと、『狂雲集』を読めば読むほど不思議な人物だと思われていた一休が、その肖像を見つめているうちに理解できるようになったと言っています。

そうやってだんだんと一休が知られていったんで、戦前まではエロいとか破戒僧というイメージは、そんなになかったんじゃねえかという気がしますね。

伊野　昔からすごい有名だったんだけど、その顔も、実体もよくは知られていなかったと。

飯島　そう思います。ぼく自身も、一休の実体はよく知らないままだったのが、何かの拍子に「なんじゃこのオッサンは」とつかまれたわけですしね。

伊野さん自身は、一休とどう出会ったんですか。

伊野　『オトナの一休さん』をやるまでは破戒僧だったっていうことぐらいは知ってたけど、まったく詳しくなかったんです。番組を作りながら知っていったっていう感じ。顔が面白い人って、中身も面白いと思ってるんですが、ああやっぱり面白いなぁと。皮肉っぽいところ、飄々としてるところ。そういうところが、自分の作風にちょっと通じる部分もあるかなって思ったりして。

なぜぼくが『オトナの一休さん』を描くことになったかというと、話が全然違うところに行くんですけど、いいですかね（笑）。ぼくの知り合いのフリーのテレビのディレクターやってるTさんって女性がいて、その人が『吉田類の酒場放浪記』的な企画書を作って、いろんな局に売り込んでたんですよ。

飯島　ぼくの大好きな番組だ（笑）。

伊野　そうそう、ぼくも好き（笑）。『吉田類の酒場放浪記』ってすごくヒットしてるんですけど、吉田類[6]さんって最初誰だか分かんなかったですよね。まったくのナゾの人。一応俳人でイラストレーターらしいんですよ。でも全然知らないし、当時、検索しても絵がほとんど出てこないんですよ、吉田類の。これはぼくの想像なんですが、類さんはこの業界に前からいて、よくわかんない人なんだけど、なんか面白い人。その人を予算のないBS番組で使ってみたら、食レポのできなさ具合とかが逆にいい感じで、見てるこっちも酒場で飲んでるような気分にさせる奇跡的な番組ができたと。

飯島　むしろあの加減が最高（笑）。

伊野　そうなんですよ。それまでもああいう酒場に詳しい人っていたじゃないですか。えっと……。

飯島　太田和彦。

伊野　そう、太田和彦とかなぎら健壱とか、居酒屋のうんちくを語れる人。そうじゃないのがいいんだよね、吉田類は。で、そういう『酒場放浪記』的な企画を書く時に、Tさんに「テレビ向きのイラストレーターいませんかね」って聞かれたんです。一般人でもないし

◆5……ここでキーンは、「彼とのあいだに空白があるような感じがたちまちなくなって、彼の悩みをまったく私の悩みのように感ずるようになった。（中略）やはり一休の悩みに不思議な普遍性があって、現代人に訴えるような力があるからなのです」などと語っています。（飯島）

◆6……今では「酒場詩人」という肩書で紹介されることが多い。ウチの近所の居酒屋ではテレビに流れる『吉田類の酒場放浪記』を見ながら、客が黙って嬉しそうに酒を飲んでいる光景をよく見かける。（伊野）

有名人でもないし、なんとなく業界人。それで、ぼくが知り合いのテレビ向きのイラストレーターを紹介したんです。そしたら「ついでに伊野さんもその企画書に入れて出しときました」って。

そのTさんとぼくの間に、もう一人K君という友達が連絡係として入ってたんですが、数日してK君が「伊野さん前提で番組がはじまることになったらしいです！　しかもBSのTBSとかに持ち込んだはずが、なぜかNHKです。しかもパイロット版まで作るらしい！」って興奮して連絡してきて。「ええ？　俺の冠番組はじまるの!?」って思っちゃったんです。普通に考えてあり得ないんだけど、吉田類っていう前例を考えると、まったく無名な人でもそういう番組が成立するじゃないですか。その流れから考えると、ぼくみたいなもんでもあるのかもしれないと。

で、一度NHKの人と会いましょうってセッティングされて、下北沢の焼き鳥屋に行ったら、Eテレの角野さんってプロデューサーの人に「実は『オトナの一休さん』ってアニメ番組をやるんですが、絵を描いて欲しいんです」って言われて、「あぁ……冠番組じゃないんだ〜、なんだよ一休さんの絵かよ……恥ずかしっ！　何勘違いしてたんだ」ってがっかりと恥ずかしさでいっぱいで酒をガブ飲みして（笑）。Tさんの企画書に入ってたぼくの絵を目にした、角野さんが、この人に一休さんの絵を頼みたいってなったみたいで。今考えたら全然そっちのほうがいい話だし、自分の冠番組がはじまったところで絶対そんなの面白くもないし誰も見ないんだから（笑）。

飯島　まだ企画を温めているだけの可能性もありますよ。この本が出ればもう（笑）。

伊野　ないない（笑）。だいたいTさんがちゃんと伝言してくれないせいなんですよ（笑）。

でも、ぼくの絵から一休さんと通じる波長なり何かが出てたってことだと解釈すれば、やっぱり縁があったのかなと思います。一休粒子がこの世界には漂っていて、フッとぼくと結びついたんだと。ぼく、いろんなタッチで描くんですけど、一休さんを描いた時が最も自然な感じで気負いなく自分が出せたなって、そういう感じはあるんですね。

グッとくる一休伝説

伊野　一休さんは「語録」がないんですってね。それはなんでですか？　あんなに有名でいろんなこと言ってるのに。禅の語録っていうのは禅僧の言行録ってことでいいですか。

飯島　語録は、後代に編纂されるものですね。一休に語録がない理由はいくつか考えられて、一休自身が意図的に残さないように命じた可能性もありますし、一休が大徳寺派の主流じゃないということも関係していたかもしれない。

大徳寺派の主流は、一休の兄弟子の養叟宗頤、その弟子の春浦宗熙《そうき》、更にその弟子の実伝宗真《じつでんそうしん》と継がれていくものですから、一休も大徳寺の住持にはなりますけれども、それは一休派が主流を担うことを意味しなかった。だから、一休の語録を残すべきというような声が、大徳寺派で上がらなかったのかもしれないですね。

伊野　なるほどー。語録っていうのは、この人の語録は残すべきだってみんなで協議して残すもんなんですか。語録の中の会話や行動の記録は、一体誰がいつ見聞きしたのか？って疑問もありますよね。一休さんの弟子の没倫たちが作った『一休和尚年譜』に書かれていることも、それは一休さんが弟子たちに直接語ったことなのか、誰かが目撃したことなのか。

飯島　両方混じっている気がするんですよね。『年譜』の場合は、「俺はこう言ったぞ」というある種の自己表現という部分もあり得るわけですよね。あるいはまた、直弟子たちが編集しているものなんで、『年譜』というテクストには〝弟子たちから見た一休〟という性格がどうしてもある。一休自身の言葉を集めた『狂雲集』で繰り返し登場する森《しん》女《にょ》が、『年譜』の中に一回も出てこないというのは、なんらかの編集意図があった――といったことはあり得る。

伊野　森女は一休さんが七十七歳の時から晩年までつきあっていた彼女ですね。五十歳くらい年下で盲目の旅芸人だったとも言われている。なんで森女のこと入れないんですかね。入れたっていいのにね。

飯島　そうですよね。森侍者《しんじしゃ》という人が酬恩庵に寄進をしたという記録[7]は残ってるんですよ。だったらなんでそんないけずなことをするのか、と思うんですけどね。

伊野　没倫さんは一休さんのすごい理解者でもあるのに、なぜ森女のこと書かないんだろう。ちょっと惜しいですよね。

飯島　惜しいですよね。

伊野　他にも『オトナの一休さん』の、一休さんがクソをお経の上に載せてきたエピソードは、臨済が言った「お経がありがたいのではなく書かれている内容がありがたいのだ、お経自体はクソを拭く紙と同じだ[8]」ということですもんね。

飯島　そうです、同じになりますよね。

伊野　それは臨済禅の思想にかなった行動。『オトナの一休さん』では、もう一つはちゃめちゃエピソードとして、正月に自分のちんぽで餅をついたっていう話が出てくるんだけど、こっちはまったくなんの教訓もないエピソードでしょ（笑）。この話はいろいろ読んだ一休本には、全然出てこなくて。ぼくはあのエピソードが大好きなんですよ。

飯島　ぼくが知っている逸話だと、米をついたことになっているんですよ。

伊野　精米したってことですか？

飯島　そう、米つきの仕事というのは、六祖慧能《えのう》◆9がしていたとも伝わりますから、禅宗の初期からもう伝統的にやらなきゃいけない作務で。

伊野　慧能さんは米つきが仕事で、字が読めなかった。

飯島　一休が米をつくエピソードは、養叟の弟子が残した記録ですね。『大圓禅師夜話』というのがありまして、そこでは餅つきならぬ米つきになっていますね。……すみません、淑女の前でなんですが（淑女＝担当編集者）、「大徳寺の塔頭の大用庵《だいゆうあん》で、一休が法衣《ほうえ》をまくり上げて打ち米をしていたら、着崩れた股ぐらから大きな〝名誉の〟イチモツをはみ出させて、掛け声をあげて打ちふるっていた◆10」と、こんな一節が出てくる（笑）。それを春浦宗熙がいつも笑い話にしていたというわけなんです。養叟も春浦も一休とは仲が悪いといわれてるんですけれどもね。

伊野　いいな〜。一休がちんぽで精米するのを見て、み

◆7……「祖心紹越酬恩庵根本次第聞書案」（『真珠庵文書』）など。

◆8……『臨済録』示衆に「三教十二分教、皆な是れ不浄を拭う故紙なり」とある。

◆9……大鑑慧能（六三八〜七一三）唐時代の禅僧。祖師達磨から数えて六代目にあたり、後の禅宗の主流へ連なる南岳懐譲（なんがくえじょう）や青原行思（せいげんぎょうし）が門下にいたとされる。

◆10……原文には「大用で打米時、一休は衣物を腰からうて打たぞ。後には衣物がたれさがつて、大なるまらを打振て、たつた打てたつた打てと云て打たぞ。めいよのすまら也。春浦和尚、常に咲（わらい）て話（はなす）ぞ」とある（飯塚大展「禅籍抄物研究〈六〉―駒澤大学図書館蔵『大圓禅師夜話』について―駒澤大学禅研究所年報・第二一号」より）。

んなで笑ってたんだ（笑）。

飯島　笑い話のネタにしていた。

伊野　いい話ですね。そんなこと大人になってもできる人は素晴らしい。

飯島　グッときますよね。

伊野　きますよ〜。若い時にバカやっとけというけど、ちゃんとした大人になって、そういうバカをやっておくと六百年後にEテレでアニメになる（笑）。『大圓禅師夜話』は、いろんな禅師たちのエピソードが入ってるんですか。

飯島　そうですね。そもそも夜話というのは一種のゴシップ集みたいなところがありまして、今だったら週刊誌的なレベルにすら見える記述があって。

伊野　それいちばん知りたいやつです（笑）。

飯島　一休を中心に見れば、一休さんはすごいヒーローのようにも思えるんですけれども、『大徳寺夜話』では兄弟子の養叟たちや在家から見た一休というのもけっこうありますね。

　例えば、「一休は大した僧だと思っていたが、『諸悪莫作《しょあくまくさ》、衆善奉行《しゅぜんぶぎょう》』という仏教の基本さえわかっておらんおかしな禅者だ[◆11]」とか。あるいは、養叟は一休が瘋癲漢《ふうてんかん》なのを嫌ったんではなくて、「公案《こうあん》[◆12]について物知り顔が駄目なんだ」という言い方をしているわけですね。

伊野　ははは、面白いですねぇ。

印可状というシステム

伊野 禅って日本文化のいろんなところに顔を出しているのに、なかなかつかまえにくい。例えば禅問答も難解です。あれは問答し合ってる人同士にしかわからない世界があるわけでしょう。実際、ああやって問答してどういうふうな悟りの境地にいくのか、やらない限りわかんないですよね。ま、でも難解さっていうのも人を引き付ける魅力であるんだけど。

飯島 問答ということでぼくが興味持つのは、「香厳《きょうげん》撃竹」という逸話で、唐の時代にいた香厳智閑《ちかん》という禅者が、竹にカーンと瓦礫が当たったことで悟ったというんです。

香厳が面白いのは、ものすごい大秀才だったんですが、ある段階でまったく悟れなくなるんですよね。[13]「おっ母さんの胎《はら》から生まれ出る前の、右も左もわからんうちの自己本分事を一つ言ってみろ」と師に求められると、ガァンと壁にぶち当たるんですね。そこで、それまで集めていたあらゆる書物の一字一句を点検しても、ズバリとくるものが見つからなくて、「絵に描いた餅じゃあ腹は満たされないんだな」と思い知って、書物は全て燃やしちまうんですよ。その後はどうも飯炊きとして過ごしていたようなんですが、ある時草刈

◆11……原文には「一休は随分の僧と思たれば、をかしい処がある。諸悪莫作、衆善奉行と云事をまた知ぬげな」「心得頬ヲスルヲ嫌フタ也」とある（飯塚大展「龍谷大学図書館蔵『大徳寺夜話』をめぐって〈一〉—資料編—」より）。

◆12……禅問答の正式名称。

◆13……夏目漱石の『行人』では、香厳は聡明霊利に生まれついたのに「その聡明霊利が悟道の邪魔になって、いつまで経っても道に入れなかった」禅僧と紹介されています。（飯島）

りと掃除をしている時に、飛んでいった瓦礫で竹がパーンと割れたら、突如として悟れた——そんな禅者なんですよね。いわば、はじめはその才能を認められていた人も、大いなる挫折を経て一切を投げ棄てた先に、ようやくにして悟りに至れたという逸話なんですよ。

ぼくは、そういうドラマにいろいろと考えさせられますね。ここに見えるのは、悟りの中身とか何がわかったかよりも、そこに行くまでのプロセスですよね。そうした禅僧のあり方が、ぼくらに見せてくるものがあるとも思えるんです。結局、後代のぼくらが具体的に目にすることができるのは、概念というよりも、禅僧の行実や肖像といったものなんで、そういう具体性から何をつかむかが、ぼくにとっては課題なんですけれども。

伊野 なるほどね、いい話だ。飯島さんに言われると納得しかけます（笑）。

悟りってなんだろう？　とは思うんですが、でも実はぼく自身は悟りにあんまり興味ないんです。特に悟りに近づきたいとも。一休さんはあんまり悟りについて言わないじゃないですか。

飯島 二十七歳の時にカラスの鳴き声を聞いて悟った、といったことは確かに言われますけれども、ことさら悟りについて多弁を弄するわけではないですよね。

伊野 そこ、好きだなと思って。むしろ人間、悟れるもんじゃないって言ってるみたいだし（笑）。

飯島 だから、周囲から「あいつなんか大してわかってねえくせになんか訳知り顔してやがる」と揶揄されるところもあるんでしょうね。

伊野 印可状っていう悟りの証明書みたいなのがあって、一休さんはそれを嫌ってる。印可状を持ってるということは、当時はけっこう幅がきいたもんなんですか。

飯島　これはいろいろ考えさせられるところで、養叟たちが在俗とどんどん交流を深めて盛り立てていったという見方もできるところですよね。いわば、いわゆる入室参禅[14]が、ある種一般化されていく。養叟は大徳寺を再興しなきゃいけないんで、お布施を得なければならなかった。そのために、参禅してきた在俗にも印可状を乱発して香銭を頂いてしまう、という構図ですね。これは『自戒集』で厳しく批判されています。

伊野　養叟たちの行動により、禅文化が一般化していったとも言えるわけですかね。今でも大徳寺にとって養叟さんは一休さんと並んで大切な人みたいですね。養叟には大徳寺を再興する役目があったと。悪役にされがちな養叟を『オトナの一休さん』では愛すべきキャラとして描いてましたが、禅僧っていうより中小企業の社長さんみたいな感じでしたね。

飯島　『下町ロケット』的な（笑）。でも、一休はそんな養叟をよしとしなかったと。『一休和尚年譜』では、一休が四十四歳の時に、華叟が一休の悟境について認めた旨を記した書を破り捨てるという逸話が出てきます。ところが、これが破っても破っても出てくるという（笑）。

伊野　まことに不思議な印可状でございまして（笑）。

飯島　破って燃やしちまう。

伊野　燃やしても残ってるんですよね、それを弟子がこっそりつなぎ合わせてあったとかさ（笑）。

飯島　なんでそこまでこだわるのかとも思うんですが、

◆14……修行者が師の控える部屋で向かい合い、公案に関して問答していくもの。

これにはいくつか見方があって、一休にとって「印可状などいらん」ということをそこまで強くアピールする必要があったのかもしれないということ。あるいは、何度も破いて燃やせるくらいには、その書は保持されていたんだなということ。一休当人の意思のいかんにかかわらず。

伊野　余計なお世話的な。

飯島　それを『年譜』に記録してあるところには、弟子たちの視点があるだろうなという気がするんですよ。口さがない連中から、「お前ら、偉そうなこと言っておるが、師の一休なぞ印可状もなかったではないか」とくさされていた状況も考え得る。そうすると、弟子たちはいっそう「我々の師に印可状がなかった意味は、改めて何であったのだろう」と繰り返し考えることになるでしょうから。

　一休は、もうしつこいぐらい印可を否定し続ける。裏を返すと、一休にとってそれだけ印可というものが目障りで意識せざるをえなかった存在だともみえるんですよ。

伊野　でも禅スピリッツからすれば、他人に証明してもらう印可状なんてそもそもおかしいですよね。

飯島　必要ないはずですからね。まさに「超仏越祖《ちょうぶつおっそ》」とか「殺仏殺祖《せつぶつせっそ》◆15」といったら、そんなものあっちゃいけないのに、必ずそういう継ぐべき「何か」が問題になる。

「衣鉢を継ぐ」という慣用表現がありますけれども、あれはもともとは法衣と「応量器」という鉢を継ぐのだ、ということですよね。この応量器は、今でも雲水さんたちが飯を入れたり顔を洗ったり何にでも使うものです。だから鉢を継ぐのは、師匠から人格そのものを継ぐということと同義なんですよね。そういうふうに、何かしらの証明に当たるものを師からもらうというのは、伝統的にずっとあるんです。

伊野　人間はやっぱり、そういうものをどうしても必要としますよね。

飯島　六祖慧能は五祖弘忍《ぐにん》から衣を継いでいるんですが、その法衣が慧能に渡されたことに不満で後を追いかけてきた同門の明上座《みょうじょうざ》に、慧能は「これは信を表すものじゃ、力づくで競い合うものでもない……欲しけりゃ持ってけ」と口にして、石の上に放り投げる。明上座は元軍人だから相当力もあったろうに、いざ法衣を拾おうとすると山のように動かずに持ち上がらなかったというんですね。そうすると、明上座のほうも「私は衣を求めたのではなく、法を求めてまいりました」と述べて、慧能に教えを乞うた――つまりは、衣は単なる形見のようなものではなく、そういう求法のきっかけになるような神通力がある衣だったと――まあ、ここまでくると、伝承はもう完全に伝説化していますけれども。

衣鉢にしても印可状にしても、何らか形ある物を継がなけりゃという意識がどっかで出てくる。禅の精神からいえば意に反するはずなんですけれども、何かしら求められてくる。

伊野　ぼくも賞状とか、一応とってあるなぁ。家に帰ったら燃やします（笑）。

◆15……『臨済録』に「仏に逢うては仏を殺し、祖師に逢うては祖師を殺せ」とある。権威に盲従せず自己を徹底するべきことを示す。

片手の音
ポン
一休や～
ポン
ポン
おーい一休や～
ポン
ん
ハイハイ
ただいま
タッ
タッ
タッ

和尚さま何か
ご用でしょうか

一休よ　ワシが今
ポンポンと
手を叩いたな
右手が鳴ったか
左手が鳴ったか
わかるか

和尚さまに
おたずねします
私は今、廊下に
出るところでしょうか
それとも座敷に
入るところでしょうか

ふん、一休や
ワシが廊下に
出るところと言えば
おまえは座敷に
入るところと言い
座敷に入るところと
言えば、
廊下に出るところ
と言うつもりじゃろ

それなら、和尚さまが
打った手も同じです
私が右手が鳴ったと
答えれば
左手が鳴ったと言い
左手が鳴ったと答えれば
右手が鳴ったと
おっしゃるおつもりでしょう？
一休め
おまえは頭がいいな

不思議な禅の世界

マンガで紹介したのは講談の一休さん話です。

これは江戸時代の禅僧、白隠慧鶴《はくいんえかく》の作った「隻手音声《せきしゅおんじょう》」という禅問答が元になっています（白隠は禅画でも有名ですが、臨済宗中興の祖といわれる傑僧でした）。「両手を打ち合わせると音が鳴るが、では片手の音とはどんなものか」という問いなのです。答えに困る禅問答をとんちで切り返すなかなかうまい創作ですよね。禅問答に模範解答はなく、師匠が弟子に、お前さんのこだわりを解き放ってやろう、さあ素っ裸で来い、という感じでやりとりするらしい。また禅問答は問いに対して問いで返していくので、そこもうまくなぞっている。とんち小僧というのは突拍子もなく出てきた設定ではなく禅の世界がベースにあるのがわかります。でも難解ですよね、禅問答って。

ぼくが禅の世界に近づいたのは、前にも書いたように、きっかけは『オトナの一休さん』に携わったことです。禅の入口には気軽に参加できる坐禅会や「ありのままでいい」

という心を楽にしてくれるメッセージがありますね。でもちょっと売店のお土産のような感じもして、気分だけは味わえるんだけど、門をくぐった感じはしません。禅門の向こうには、奇想、奇抜、極端、醜怪がちりばめられたアバンギャルド仏教の姿が見えるのです。一休さんを通してなら、そんな禅の姿がつかめる感じがしました。

一休さんはパンクな僧侶と言われますが、パンクとはなんでしょう。銃口から飛び出たばかりの熱い弾丸がロックンロールだとすると、弾丸も軌道に乗ってやがて重力に負けて落ちるのです。「ロックは死んだ！」と叫んで、再び銃口から飛び出してきたのがパンクです。パンクロックはプロとは思えない演奏技術でも、ロックがかつて持っていて、いつしか忘れてしまった初期衝動を大事にしています。

禅自体がかなりラディカルな仏教です。禅は「自己が仏になろうとする」それまでの仏教を「自己が仏であることに気づけ」と考え方を転換しました。殺仏殺祖（仏に逢うては仏を殺し、祖に逢うては祖を殺せ）とか、仏とはどういうものかと問われ「乾いたクソの塊じゃ」と答えたり。また、本当に大切なことは言葉では伝わらない、言葉など信用ならんという「不立文字《ふりゅうもんじ》」を掲げています（そのわりには、語録や禅語はいっぱいあります）。

南インドから中国にやって来た菩提達磨《ぼだいだるま》によって禅ははじまったとされてますが、達磨さんは伝説中の人物で、実在してなかったみたいなんですよね。

一休さんは臨済宗の僧侶で、臨済義玄《りんざいぎげん》は中国の唐の時代の禅僧です。臨済の言行録である『臨済録』を開くとアジテーションのような熱気ある説法に出会います。師匠と弟子のどつき漫才ならぬどつき禅問答みたいなのもありました。飛躍した会話に理解が追いつかないのも多いんですが、わけがわからないけど面白いのもある。中でも普化《ふけ》という僧の最期を記したエピソードは、ふっと心が遊ぶような感じがあって、すごく気に入りました。

風狂僧　普化の最期

ある日、普化は町の通りで人々に僧衣をねだっていた。僧衣はあの世に旅立つための衣装である。みんながそれを与えてくれたが、普化はどれも受け取らなかった。

臨済は寺の事務長に命じて棺桶を一揃い買わせた。普化が帰ってくると臨済は「わしはお前のために僧衣を作っておいてやったぞ」と言った。

普化はすぐにそれを担いで町々にふれてまわった。「臨済が俺に僧衣を作ってくれたんだ。俺は東門へ行って死ぬぜ」町の人々は競って普化の後をつける。すると普化は「今日はやめた。明日、南門で死ぬよ」と言った。

こうしたことが三日続くと、もう誰も信じなくなった。四日目になると後をつけてくるものは誰もいない。

普化は一人で町の外に出ると、自分で棺桶の中に入り、通りがかりの人に頼んで釘を打ってもらった。

たちまち話が広がった。町の人々は先を争って集まってくる。棺を開けてみると何もなかった。空中に遠ざかっていく鈴の音が聞こえるだけだった。

一休さんが普化について書いた詩です。

普化を讃える

徳山宣鑑《とくさんせんがん》と臨済義玄が普化と並んで歩けば、どうなるか、
狂い男たちと、街の人々は驚くだろう。
端座したり直立したりして死のうとすれば失敗が多いが、普化の死に方は上手だ、
柔らかく幽かに鈴鐸の音が鳴っている。

普化は風狂な禅僧、一休さんもまた風狂な禅僧。この「風狂」という言葉の意味は、辞書では「気が狂うこと、狂気、風雅に徹し他を顧みないこと」ですが、一休さんも普化も、常軌を逸した行動をあえてやっているところがありますよね。どこまで意識的か無意識かわかりませんが、精神に異常をきたしているという意味とは違います。自由が狂や奇の形をとって現れることは現代も同じで、常識の中にアーチストはいません。風狂にふるまう僧たちが残すポッカリとした後味がなんとも言えません。

もう一つ『無門関《むもんかん》』という禅問答集にある「南泉斬猫《なんせんざんみょう》」を紹介します。

南泉斬猫

南泉和尚は門人たちが一匹の猫をめぐって言い争いをしているところに出

くわした。彼は直ちにその猫をつまみあげると「さあ、お前たち、なんとか言ってみよ。うまく言えたらこの猫を救うことができるのだが、それが出来なければ、この猫を切り捨ててくれようぞ」と言った。皆は何も言うことができなかった。南泉は仕方なく猫を斬り捨ててしまった。

晩になって高弟の趙州《じょうしゅう》が外から帰って来たので南泉は昼間の出来事を趙州に話した。話を聞くと趙州は、はいていた履を脱いで自分の頭に載せ、部屋を出て行ってしまった。

そこで南泉は「お前さんがおったら猫の命を助けることができたであろうに」と言った。

……まったくわけがわからないけど、ぼくははじめて読んだ時笑っちゃった。この話、何と解釈しますか？

禅は、インドで生まれた仏教が、中国の老荘思想の「無為自然」の引力に引きつけられて生まれた思想とも言われています。先の二つのエピソードなども、中国の不思議な話とどこか呼応している感じがします。例えば荘子の「胡蝶の夢」とか「混沌」とか。

「混沌」はこんな話です。

あるところに名前を混沌という、めちゃくちゃ魅力的な人がいた。

ところが混沌は顔がぐちゃぐちゃだった。友人たちは「人間には普通、目と耳と鼻と口の七つの穴があいているものなのに、混沌にはそれがない。俺たちでその穴をあけてあげよう」と相談して実行した。一日に一つずつ穴をあけていったが、七日経つと混沌は死んでしまった。

この話の意味はわかりやすく、賢しらな分別や作為のせいで、生々溌剌たるありのままの姿にとどめを刺してしまったという話です。ぼくはこういった中国の不思議な話が好きです。読んだ後の宙ぶらりんになる感覚が気持ちいいのです。だからぼくは普化の話も、南泉の猫の話も、なんのことだろうって考えるより、そのまま味わっていたい。

自分はどこまでいっても自分、自分、自分、自分……いくら自分を忘れよう、自分から脱けだそうとしても、自分がいる限り最後の一点は消えることはない。だけど不思議を不思議のまま味わっている時って、自分から解放される気持ちよさを感じます。

一休さんは「南泉斬猫」の公案を真似して猫を斬った弟子についてこう書いてます。

猫を斬る僧に示す

この男はわが門下の小南泉だ、
容赦なく猫を斬れば、南泉斬猫話の公案が円《まど》かに成就すると思ったのか。
私は、誤って、この公案のように小蛇を打ち殺したことを悔いている、
牡丹の花の下に眠っていた小蛇を驚かしてしまったのだ。

一休さんが小蛇を打ち殺したというのは次のエピソードにあります。

一休さんが十七歳の時、和尚と共に歩いている時に、小さな蛇が出てきた。清叟がうつむいて袈裟を蛇にかけ、戒法の呪文を唱えると蛇はおとなしくなった。それはいつものことだった。ある日一休は袖に石ころを入れておいて、小蛇が出てくるや、石で打ち殺した。清叟はそれを見て「お前は俊敏だな、禅僧としての作法において抜きん出たものだ。これからもそのようにふるまうがよい」と褒めた。

破戒であるはずの殺生が、なぜ禅僧として抜きん出た行いなのか。よくはわかりませんが風狂な行動と認めたからでしょうか。しかし、一休さんはずっと後までこのことを後悔していたんですね。自分の可愛がっていた雀が死んだ時にも「尊林《そんりん》」という道号をつけて人間と同じように葬式をあげました。

殺仏殺祖のパンク禅僧であり、殴り合いもよしとする臨済宗の世界。しかも生きた時代は人の命が軽い乱世です。激しい世界の一方で小動物の命も愛しく思う一休さん。弟子には「おい、お若いの、風狂、風狂とカッコつけるなよ」と言っているようでもあります。

ほんとうの一休さん

『オトナの一休さん』は史実の一休さんがどんな人だったかを描くアニメでした。

とんち小僧はウソでした。江戸時代に作られた多くの『一休咄』の類もウソ。一休さんが庶民のために教訓を説いた『一休骸骨』は長らく一休さんの作だとされていましたが、これも後世の作であることが判明しています。

『一休骸骨』は仮名で書かれたわかりやすい絵入りの法語で、骸骨たちが人間のように酒宴を開き、性交し、病に伏せ、葬式をあげる様子が愉快です。

くもりなきひとつの月をもちながらうき世のやみにまよひぬるかな

もとの身はもとの所にかへるべしいらぬ仏をたつねばしすな

なんて道歌がたくさん入ってます。過去に出版された一休さんの研究本を開くと『一休骸骨』を一休さんの作であるという前提で論じられています。実はそうでなかったとなるとまた一休の実像も違ってきます。

『オトナの一休さん』は百パーセント史実だけかというとそうでもありません。

お正月には髑髏を竹竿の先に突き刺し、「ご用心、ご用心」と言ったエピソードは採用されています。これも仮名法語あたりから生まれたものでしょう。

実際の一休さんは、

門松は冥途の旅の一里塚目出度くもあり目出度くもなし

なんて言ったりしてなかった。毎年律儀に元日の朝から京の町を練り歩くパフォーマンスをするなんて一休さんらしくない。史実の一休さんはきっと酒でも飲んで寝正月だと思うな。

ぼくは番組制作に携わっている時、本当の一休さんはどんな人だったかに興味がありました。脚本が上がってくるとディレクターの藤原さんに「本当はこれは言ってないんですよね?」「こんなことあったんですか?」とかいちいち聞いたりしてました。

それは、ちょうどぼくの仏教への興味も出てきた頃でした。

ぼくの家の宗派は、浄土真宗高田派です。

だいたいの日本人は、家ごとにどこかの宗派に属しています。それは江戸時代に仏教が国教のようになっていて、檀家制度が戸籍の代わりみたいな役目を果たしていた名残です。

お釈迦さまが説いた教えが仏教ですが、同じ仏教でも宗派によって、主張していることがマチマチで、いったい何がほんとうのお釈迦さまの教えなのか、疑問に思ったことはありませんか?

例えば、ウチの浄土真宗では『般若心経』を採用してないみたいです。浄土宗や浄土真宗は阿弥陀如来というお釈迦さまより上の位の絶対的な存在者がすべてのものを救ってくださるという世界観。確かに阿弥陀如来の存在を「空」としてしまうと成り立ちません。

空海が中国からその教えを持ち帰った密教には、護摩を焚いて呪文を唱える儀式がありますが、それはヒンドゥー教から取り入れたようです。もともと仏教はカースト制を有するバラモン教に抵抗する形で生まれたのに、密教はいつの間にかバラモン教の変化形であるヒンドゥー教を取り入れて出来上がったのです。

禅宗では仏になるんじゃなくて自分が仏であることに気づけ、という主張です……もういったい何が何やら。内容を見ればそれぞれ別の宗教のようですが、どの宗派のお寺も似たような建物だし、お坊さんも同じような格好なので視覚的にもややこしい。


日本の大乗仏教はどれもこれもお釈迦さまが最初に説いた教えからかなり変容しています……とぼくが言えるのは、初期仏教がどのような教えであったかを今は簡単に知ることができるからです。

ゴータマ・ブッダのオリジナルな教えである初期仏教が日本に紹介されたのは明治時代

なので、ほんとうの意味での仏教伝来は飛鳥時代ではなく、この時なのです。ぼくは最初、中村元《はじめ》先生の本で読みました。中村元先生、生前のレクチャーがYouTubeに上がっているので、よく寝しなに聴いていました。経典を読んで解説していくのですが、初期仏教ってけっこう素朴な教えなんですよね。しかも中村元先生の声と喋り方がとても気持ちいいのです。逆に言えば、声に睡眠導入剤の成分が入っているとも言えるので、いつも最後にたどり着く前に寝てしまいます。最近では佐々木閑先生もコロナ禍をきっかけにYouTubeでオンライン授業を一般公開しているので聴いてます。佐々木閑先生の解説はとてもクリアです。ゴータマ・ブッダが神秘性を排し、きわめて合理的に苦しみに向きあっていた様子を伝えてくれます。佐々木先生の講義も声と喋り方にアルファ波が入っているのか、心が安らぎます。初期仏教には先生たちの癒しの声がよく似合います。（タダで聴くだけではなくちゃんと本も買って読んでます）

初期仏教が明らかになれば、各宗派の教えは「お釈迦さまはそんなこと言ってない」とツッコまれることになります。いったいどう思ってるんだろう。

数年前まではそんなふうに疑問に思っていました。疑問っていうか、おかしくね？　そんなの信じてるの、ってくらいに。ぼくは初期仏教原理主義者になっていたわけです。

その考えを変えたのは、ニコラ・ブーヴィエ（ヒッピーの元祖みたいな人で、一時、大徳寺に住んでいたこともある）の『日本の原像を求めて』という本にこんなことが書いてあるのを読んだ時です。

〈ブッダの誕生からさまざまな曲折を経て、仏教は日本にたどり着いた。インドから追い払われ、チベット、アフガニスタンを経て、中央アジアの国々に達する。その間、ヘレニズム、ゾロアスター教、インドのタントラ、中国の道教、さらには—おそらく—キリスト教の一派であるネストリウス教の影響を受けながら、仏教は豊かになっていった。西暦六四年には、漢の皇帝が改宗する。

四世紀には、朝鮮に渡る。そして海路をたどり、「仏法」はようやく地の果て日本にたどり着く。

あたかも川が支流を集めて大河をなすように、仏教はその時すでにきわめて多面性のある教義をなしていた。素朴な慈悲の心を説く教えから、目も眩むような形而上学的な思弁にいたるまで、仏教にはありとあらゆる要素が含まれている。そこにはアジア的心性のすべての面がちりばめられている。〉

あー、そっか。変容を許す仏教だからこそ、こんなにたくさんの思想を日本に注ぎ込んでくれることができたのか。これが仏教ではなく、唯一絶対の神を拝む宗教であったら起こり得ないことじゃないか。

そして同時にぼくを縛っていた、史実の一休さん原理主義という縄も解けて、こう思うようになりました。

「一休さんは、いろんな趣向を盛れるたぐい稀なる器である」

と。

一休さんだからこそ、後世の人が自分の言いたいことを付け加えることができた。ウソは無価値ではないと思う。史実でない一休さん、という虚構には、当時の人々の意識が反映されているはずです。

そうやって作られた『一休骸骨』はいかにも一休さんが言いそうな創作に仕上がり、後世に伝えられた。堺の町で木剣を振りまわしていた一休さんなら、お正月に髑髏を持って歩いてても不思議じゃない。

『一休咄』にある話は、もともと一休さんの話でなかったものが、一休さんのエピソードとして作り直されて収録されたのが多いようです。それらの話は一休さんというキャラクターがいなければ、散逸してしまった可能性が大きいでしょう。史実でない一休さんの数々の姿は、一休さんの存在が、いつの時代にも創造魂を刺激してくる存在だった証拠でもあります。むしろ、いろんな時代に一休イズムを絶やしてはいけないと思った人たちが創作に託した実態を含めて、「一休史」だと思うようになりました。

ウソとホントを見極めておくのは大事なことなんですが、何に対しても、あんまり本当の何かにこだわらなくてもいいんではないかと最近は思っております。特に日本の仏教と一休さんは、いい加減がええ加減に作用している、いろんなものをくっつけて運ぶ性質がある、そこを積極的に評価したいです。

『一休咄』に「関の地蔵供養し給ふ事」という話があります。これは江戸時代の創作ですが、それ以前から関（三重県関市）に伝っていたのかもしれない。史実的には一休さんが関東に行ったという事実はありません。でも偶像崇拝を否定する禅の精神や、禅でおなじみの排泄物もうまく使って、一休さんらしさがよく出ています。マンガにしてみました。

関の地蔵と一休さん
関の地蔵を初めて作った時のこと——
のお、お地蔵様の開眼を誰に頼んだらよかろうな
ワシが京都へ行った時 都の人々は口をそろえて 今の世に大徳寺の 一休和尚にまさる 僧はいない だろうと 言うとった
せっかくやから 一休和尚に 来てもらおうに

村の衆は
代表を
京の都へ
送った
一休和尚は
「幸い関東修行に
出るつもりなので
立ち寄って
開眼供養
いたしましょう」
とのこと
村人たちは喜び
道を掃き清め
一休が来るのを
待った
歓迎 一休宗純和尚
あっ
来た
一休は
ただひとり
やって来た
ヒュー

いやいや かように盛大な 出迎え 恐れ入ります
コメ コメ
モジ モジ
遠いところ ありがとう ございます 生きている間に 和尚様のご尊顔を 拝めるなど思っても おりませんでした
これが 一休和尚か ずいぶんと落ち 着きのない方じゃ 格好もみすぼら しいし…
ところで
お地蔵様は どちらに？
あちらで ございます まぁその前に お休みくだされ ちょっとした食事 なども用意…
おおっ
そちらにおられ ましたか
さっそく ですの!?
ダダダダ

あっ
あっ
ぴっしゃあぁ〜っ
あ〜っ……あ……

………
これにて開眼供養は無事終わりもうした！
あ〜よう出たよう出た
ブルブル

いやぁ今日は朝からずっと我慢のし通しでな
我ながらスッキリとした開眼供養でしたわい排泄の快感も煩悩のうちですかな
では失敬！
昨日は俗人今日は僧
ありえない
けしからん
行ってしまいよった
なんであんなインチキ坊主を呼んだ！我らの尊い菩薩様に小便かけよって！腹立たしいわ！
皆の衆！あのインチキ坊主を逃すでないぞ！
ワシもあんな坊主とは知らんかったんや

後に残った者たちは
清水を地蔵に注ぎ
小便を洗い清めた
そして供物や香花を
供え地蔵菩薩に
許しを請うた
一方一休を
追いかけた若者たちは
どういうわけか道端で
ぶっ倒れていた
まもなく小便を洗い
流していた者たちも
身体の震えが
止まらなくなった

ううう
ううう
どうしたことじゃ
一休～
しっかりしろ
あかんてあかんて
ヨロ
ヨロ
天下の一休様が開眼してくださった小便は洗い流したらあかんかったのじゃ～
もう一度開眼をお願いしてまいれ！
急いで一休の後を追いかけた村人は桑名の渡しで追いついた
一休さまー
ハァ
ハァ
ハァ
ハァ
一休さまお願いでございます
どうしたんじゃ

ふーん
ザザーッ
それは
お気の毒な
ことじゃな
しかしワシが戻る
にも及ばん
もぞ
もぞ
このワシの
ふんどしを
持ち
帰られい！
ジャーン
地蔵の首に
巻いておけば
病はたちまち
治るであろう
八百年くらい
洗ってなさそうな
臭いじゃな
ほんまに
これで
治るんかいな

村に持ち帰ったふんどしを
おそるおそる地蔵の首に
巻きつけると……
皆に憑いていた
物の怪は落ち
何もなかった
ように震えは
止まった
これに驚いた
村人たちは
名誉なことと思い
？
あら
ヤダ

フワッ
以来地蔵の首に巻きつけた古ふんどしを外さなかった
バサッ
ヒュュュー
ヒュゥゥゥ
カーッ
カカカッ!
Fin

四睡圖

凡聖同居何似生
披毛作佛也分明
今宵極睡清風枕
空劫以來松有聲

四睡図

どうだ、ここには、凡と聖とが同居しているじゃないか、
だが、毛むくじゃらな獣と仏の区別は明らかだ。

皆して、今宵、ぐっすりと眠っている枕元には、涼やかな風が吹いている、松風は太古の昔から音を立てているが、気にしていない。

一休さんの悟り

仏教といえば、悟りですよね。

悟りは自分自身の問題であって、誰かに認めてもらうことではない、というのは悟りの証明書である印可状を否定した一休さんの主張です。

でも、悟りってどういう状態になることなのか、つまるところ自分でしか体験できないので、悟りはすべて自己申告にならざるをえません。

『一休和尚年譜』によれば、一休さんは二十七歳の時に、悟りを得ました。まだ暗い早朝、カラスの声を聞いて悟ったというのです。

その境地を師匠の華叟に報告すると「それは羅漢《らかん》の悟りに過ぎず、作家《さっけ》ではない」と返されます。「それは小さな悟りであって、大きな悟りじゃないよ」という意味です。一休さんは「ならば羅漢の悟りでけっこうです、本物は嫌でございます」と答えました。それを聞いて華叟は「うむ、それでこそ本物の禅僧じゃ」と一休の悟りの大きさを認めたのです。悟りの大小にとらわれていないところがすなわち悟ってる証だと。

へぇ、悟りには大小があるのか……とこれまた素朴な疑問が湧いてきます。一休さんはこの時のことを「これまでの凡とか聖とかの差別の考えや、怒りや傲慢のおこる以前のところを、今、気がついた。そのような羅漢の私をカラスは笑っている」と書きとめています。

禅宗ではわりとみんなポンポン悟るので、同じ悟りでも、お釈迦さまが説いた、永久にぐるぐる廻り続ける輪廻から解脱して、涅槃に入るのとは違う意味の悟りなのではないかと思います。

大竹晋さんの『「悟り体験」を読む　大乗仏教で覚醒した人々』という本には近現代の修行者の悟り体験（本人の自己申告）が紹介されているのですが、禅の修行者の悟りには共通しているところがあります。坐禅や公案をずーっと続けていると、ある時、ふっと世界と自分が溶け合うような心境に達するようです。

〈四、五日たつと、わたくしも坐って坐ることを忘れ、立って立つことを忘れ、心身を忘却するところまで進んだ。まことに神人合一の清寂さである。そして第六日ごろ、参禅の帰りに、本堂の前の真黄色な銀杏を見たとき、わたくしは飛び上がるほど驚いた。わたくしの心は忽然《こつねん》として開けた。無は爆発して、妙有の世界が現前したではないか。隠寮へ走って参禅したら、公案は直ちに透り、二、三の問題を出されたが、その場で解決してしまった。

天の岩戸はたちまち開かれ、天地創造の神わざが無限に展開されたのである。すべては新しい。すべては美しい。すべては真実である。すべては光っておる。そしてすべては自己である。（後略）〉（山田無文『手をあわせる』より）

〈私自身のそれは、あまりはなばなしくないので、話したくないんですけど……。私は坐禅を終わって外へ出て、東司《とうす》（便所）へ行ったんです。そこで用をたしていると、向こうの大谷石の壁に当たって、シャーッという音がしますね。あれがものすごく大きい音に聞こえたのですが、そのときに「ハッ」と気づきました。「おれだっ」と、うれしかったですね。しかしあまり派手じゃない。どうもきれいじゃないですけど……（笑）〉（大森曹玄　座談会記録『徹して生きる』より）

〈これはわたくしにとっては、まさしく第二の誕生でした。わたくしは生まれかわったのでした。第一の誕生は、わたくし自身は知らないわたくしの肉体の誕生でしたが、第二のこの誕生は、わたくし自身の努力による、内観を通して、意識の最下層の深みから生まれ出た真実の自分、本当の自分なのでした。

求め、求めていた真の人生の大道の入口が開かれたのです。さすがにうれしさのやり場がなく、わたくしはその日、すぐ家に帰る気になれず、足にまかせてどこまでも歩きました。日暮里から三河島へ田圃道を、それから小台《おだい》の渡しをわたり、西新井の方面へ、どの道をどのように通ったのか、終日歩いて、足の疲れなどはおろかなこと、自分のからだの存在も忘れて歩いていました。「心身一如」とか「心身脱落」とかいうような禅書の言葉が、嘘でないことがよくわかりました。お釈迦さまが、天上天下唯我独尊といわれたことも、大言壮語でもなんでもなく、体験的な真理であることがわかりました。（後略）〉（平塚らいてう『元始、女性は太陽であった』より）

森田草平と心中を約束したり、突飛な行動を起こす平塚らいてうの体験として読むとちょっと危なっかしい感じもしてしまいますが、自分と世界が溶け合う体験をしてみたくもないかなぁ……ションベンしてる時に悟るのはなんかいいな。ある種のナチュラルハイな状態ですかね。この経験があるのとないのとじゃ、その後の人生が違うのだろうか。自己も他者も自然も、生も死も、区別なく世界と一体化するそんな境地に達したら、ゴキブリを見てもカブトムシと区別なく餌をやってしまいそうですが。

さて、一休さんですが、二十七歳の時に悟ったことになっているのに、悟るのなんて無理無理、というような詩をいくつも作っています。

俺の心は、始めもなく終りもなく迷いつづける、
成仏しないのが、人の本来なのだ。
人は、本来成仏するというのは、仏の妄言だ、
人はもともと、道に迷うものだ。

悟りきるということを忘れて、すっかりとのんびりとしている、
いつまでたっても、このようだ。
そんなふうだと、金と真鍮と、正と邪と、仏でも分からなくなってしまう、
聞くところでは、仏と魔は紙一重の差なのだ。

悟りはぼくにはよくわからないんですけど、一休さんが悟りを開いた立派なお坊さんなら、好きになってないのは確かなところです。悟りがゴールじゃないとしても、お地蔵さんのようにじっとすました人生を送っていたならやはり興味は持てない。
脊椎カリエスになって寝たきり状態だった正岡子規が苦しんだ末に達した結論が、一休さんの悟りに近いんじゃないでしょうか。

〈余は今まで禅宗のいわゆる悟りという事を誤解して居た。悟りという事は如何なる場合にも平気で死ぬる事かと思っていたのは間違いで、悟りという事は如何なる場合にも平気で生きて居る事であった。〉（正岡子規『病状六尺』より）

ふだんの一休さん

正岡子規 ほどの力強い見解を、ぼくは自分が死ぬとわかった時に持てるでしょうか。やはり死ぬのは怖いです。親しい人が死ぬのも怖いですね。怖いというか、人が亡くなると、存在って不思議だなぁ〜ってしみじみ思う。きっと死ぬのは一瞬なんでしょうね。いや、死ぬ瞬間っていうのは意識できないと思うんです。毎晩寝る時に、眠りに落ちる瞬間が自分で意識できないのと同じように。……ってことは誰も自分が死んだことには気づいてないいんじゃないかな。そう思い至って、考えるのをやめます。それよりも日々の暮らし、これをどう生きるかのほうが大事なわけで。

一休さんの日常ってどんなだったんでしょう。

本人の言うように女郎屋や酒場に入りびたりだったんでしょうか。それにしたって朝から晩まで、晩から朝までいるわけじゃない。木剣をかついで堺の町を歩いたようなパフォーマンスもたまにやるから効き目がある。

今の禅宗のお坊さんはお葬式や法事などの檀家まわりの仕事の他に、坐禅会や、講演会などいろいろ忙しいと思うのですが、一休さんの時代にそんな仕事はなかったでしょう。
若い時の一休さんは、師匠の薬や食料を買うために、自分で作った雛人形や香袋を町で売るアルバイトをしていたこともあるようです。晩年、大徳寺の住持になった時は、応仁の乱で荒廃した大徳寺再建のために忙しくしていたでしょう。しかし、それ以外の一休さんていうのは毎日何をしていたのかなぁ。

一休さんは四十七歳の時に、請われて大徳寺の如意庵の住職になります。なったのは記録によると六月二十日でした。一週間後の二十七日に一休の師匠、華叟の十三回忌の法要が開かれ、一休さんはこの法要を任されます。一休の住職就任を祝って大勢の人が集まって来ます。堺の商人たちは香典を包んで来ました。時候の挨拶をするのがやっとくらいの慌ただしさでした。なんと一休さん、この如意庵の生活に耐えきれなくなって七月一日には、養叟に書き置きを残してプイッと出て行きました。

住職した十日の間は心が忙しかった、
俺の足の裏の煩悩を印した紅い筋は長い。
いつか、お前さんが、俺のいどころを尋ねるなら、
魚屋か飲み屋か女郎屋にいるさ。

心がヒマでないと自分らしくいられないのか、法要の場を俗臭で汚されたことへの腹いせか。たった十日で投げ出すのが面白い。合わない職場は去るに限るけど。この後行った酒場の一杯はさぞかし旨かったと思います。もちろん養叟が捜しに来る心配もいりません。捜しに来ないだろうと思って書いてる感じなので。

細かいことを言うと、一休さんは京都生まれの京都育ちなんだから京都弁のはずなんですよね。『オトナの一休さん』は一休さんの声を大阪出身の板尾《いたお》創路《いつじ》さんが担当されてましたが、いわゆる標準語でした。他の小説やマンガも一休さんが京都弁でしゃべっているのは少ないと思います。「アホか、印可状なんてあかんゆうたやろ」とか「あんたら修行おきばりやす、ワテはかんにんどっせ」って……確かに雰囲気出ません。

ぼくはゴッホのことを想像する時に、笑顔のゴッホを思い浮かべてみます。自画像ってだいたい無表情に鏡を見つめながら描くので、なかなか崩れた表情にはなりません。でも、それらの顔からゴッホを想像するのは、偏ってると思うんです。絶対に笑ってる時もあったはず。ゴッホは歯が悪かったらしいので、歯抜けの笑顔だったかもしれません。『一休和尚年譜』に記されているのは、特別な出来事です。それ以外の記すべきほどのことが起こっていない日常のほうが、人生の時間のほとんどのはずです。

意外に何をしていたかわからない一休さんの日々の暮らしなのです。

七十二歳頃のエピソードとしてこんなのがありました。自分が大事に思っていた庭の竹を、信頼している弟子の没倫が切ってしまい、一休さんは狼狽します。ちょっとエッセイ的な味わいがあって、ここに日常がのぞけそうです。マンガにしてみました。

愛する竹
竹の筆は
良い
その姿は素朴で
金や銀の管とは
比べようがない

今住んでいる庵は
畑を作った残りに
少し空き地があった
そこに一、二本の
竹を植えて育てたら
今では竹林になった

ワシはかつて貧しい筆作りの
職人が竹を切って持ち主に
叱りつけ罵られるのを見て
心穏やかではなかった
ワシは心ひそかにもし土地が
手に入ったら竹を植えて
貧しい筆作りを助けて
やりたいと思ったものだ

昨日、突然弟子の没倫が
ワシの愛する竹を切って
汚れた書斎の
壊れた垣根を修理した

朝になって見たところ
なるほど垣根は立派に
修理されたものの
竹がまったく惜しまれる
……
ワシは立ちすくんだり、
うろうろ歩いたり、
嘆いた
ウロ
ウロ
ワシのもっとも愛する
ものを切ったのだから
これは怒らぬ
わけにはいかない
ウロ
悟った身なのに
こんなに執着している
あ〜あ〜

没倫よ今後は
修理係にでもなるか
そんな没倫に詩を贈る
今後は誰も竹を
切らぬように戒めて

筆を作るための竹を切って、垣根を修理した、

斫來筆管補籬牆

隙間ができた竹藪からそよ吹いてくる風に、詩場を感じる。

還感風流翰墨場

今日、腹中の書籍を日に曝すと、

書籍腹中今日曝

音や風の色も、詩文である。

雨聲風色也文章

師匠と弟子の人間関係

伊野　経典に拠らない禅宗では、教えは師匠から受け継ぐ。でも人間関係が濃厚過ぎたり、師匠とどうしても人間的に合わなかったりする場合もあるんじゃないですかね。

飯島　禅籍を読む限り、あります。

伊野　やっぱり（笑）。禅問答でも、受ける側の問題もありますもんね。

飯島　逆に伝える側の苦労もあるように読める。

伊野　その中で教えというか、ちゃんと精神を受け継いでくっていうのはものすごい難しいことなんじゃないかなと。

飯島　ぼくは本当にそこだと思うんですよ。『臨済録』によると、臨済は最初、黄檗《おうばく》という師のもとでは悟れなかったんです。三回問答したけれども三回とも殴られた。そこで

「何度やっても駄目ですので、おそれながらお暇を頂戴したく存じます」と申し出た。すると黄檗は、「ならば大愚《たいぐ》のところへ行け」と命じるんです。これはリアリティーのあるところで、師弟関係の難しさがあらわれている気がします。臨済は心機一転を期していて、黄檗のほうでも別のところで悟りうる可能性を示唆したようにも考えられる。

臨済はその後、大愚の許ではじめて「黄檗の仏法なぞ大したことなかったんだ」と気付いたとなっている。大愚は「お前は黄檗の老婆心切に気付いていなかったのか」と叱るんですけどね。そして大愚は臨済の胸ぐらをつかんで「黄檗の仏法が大したことのないものだというなら、どういうものなのか、言ってみやがれ」と迫ると、臨済は大愚のみぞおちを三発殴る。殴られた大愚は「お前の師は黄檗なんだ、ワシの知ったことか」と突き放す——要するに、黄檗の許に戻れというわけですね。そうして臨済が黄檗の許に戻ると、黄檗から「大愚の許で何がわかったか」と訊かれる。すると間髪を容れず、臨済は師の黄檗を殴っちまう。

伊野　ぼくもその話は『臨済録』で読みました。師弟でどつき合うんですよね（笑）。

飯島　「どつき合う」っつても、敏江・玲児の漫才とかいうわけではないんですが。

伊野　ははは、どつき禅問答ですよね。師匠から殴られるのはわかるけど、弟子が師匠の脇腹なんかどつきまわしたりして、なんだこりゃ、『臨済録』おもしれぇって（笑）。

飯島　だから、臨済の像ではよく握りこぶしになっていて、口をガァッと開けてる顔が有名なんですけれども。ああいうふうに気魄をもって迫って、自分の境地も師を殴ることで示すような、そういう激烈な精神性が、臨済宗を際立たせているわけですよね。

伊野　「諸行無常」は全てのものは移ろいゆくことで、「諸法無我」はあらゆるものに実体はないこと。じゃあ、実体がなかったら自分が殴られた時に痛いのは誰なんだ。ショック療法じゃないけど殴ったことによって何か気付かせるみたいなことでしょうか。

飯島　そうですよね。禅の場合、「即心是《そくしんぜ》仏《ぶつ》」――自分自身が仏だというところまで凝縮していくので、この煩悩だらけの自分という拭い去りがたい生き身を、自己の問いそのものとして突き付けられることでもあるんですよね。欲望や苦悩を、これでもかと自覚させられる。いわば、煩悩にまみれ四苦八苦する自己自身の究明という方向へ、思いっきりハンドルを切ったわけですね。

飛んでいく鴨を前に「是《こ》れ什麼《なん》ぞ」と訊ねる、有名な問答がありますよね。「是れ什麼ぞ」は「何だ」といういちばん単純な疑問文ですね。

馬祖[1]が弟子の百丈と歩いている時、目の前を鴨が飛んでいった。馬祖は「おい、何だ」と百丈に訊く。百丈のほうは「何だ」と訊かれたんで「鴨ですね」と。すると、馬祖はもう一回質問してくるんです、「何が行ったんだ」と。「いやだから、飛び去って行きましたよ」――鴨が飛び去ったじゃないですか、と百丈は返答したわけですね。そうしたら馬祖は百丈の鼻をグイッと捻るんで、百丈は堪えきれずに「イタタッ！」と声を

あげてしまうんですが、そこで馬祖は「どこが飛び去っておるものか」、とする逸話なんです。

まさに禅問答といった風情ですが、要するに「何だ」と聞かれたら、お前はお前自身のことをわかっておるか、この生き身の自分のことを常に忘れずにおるかということを、そういう形で実感させるんですよね。「お前は」とさえ言わず、単に「何だ」とだけ言う。その時に、飛んだ鴨とか他のことに気を取られていては、お前は自分自身のことを忘れておるぞ、ここにある自己本分事を忘れておるぞということなんでしょうね。

伊野　その話も最初二人のやりとりだけを読むと、なんのことだかサッパリ分からなかった（笑）。難解に見える禅問答も、みんなそこに気付かせるための手段であって、手を変え品を変えいろんな問答がある。どついたり、鼻を捻ったりして、関係性の中で導いていくわけですから、禅問答に模範解答はない、というのはわかりますね。

●1……馬祖道一（七〇九～七八八）唐時代の禅僧。禅宗の基本的な立場となる考えを示したとされる。「即心是仏」「平常心是道」といった考え方で、ありのままの心が仏であり、日常のはたらきが仏性を体現しているとした。

一休が手にした禅者の証

伊野　禅にはほんとうに大事なことは言葉では伝えられないという「不立文字《ふりゅうもんじ》」という教えがありますが、あまりに魅力的な人というのも、その人のことをうまく言葉で説明できないんですよね。かっちり説明できないから魅力的でもあるし、一休さん、そういうところあったと思うんですよ。

　ぼくの先生だった長沢節[2]もそうだったんだけど、セツ・モードセミナーという学校は自分一代の私塾であって、誰かが継ぐもんでもないと。特にカリスマ性のある人は、その人死んじゃったらもう終わりなんで、誰もその後を継げないんですよね。一休が、自分の法は誰にも継げないっていうのには、そういう部分もあるのかなって思って。

飯島　そうなんですよ。ぼくが伊野さんのお書きになっているもので興味を持ったのは、長沢節との関係性なんです。自分に濃厚に影響を与えた人というのは、自分にとって何なんだろうかと考えさせられる部分があるわけですよね。

　自分の法は誰にも継げないっていうのは、ある種非常に痛切な念でもあると思うんですよ。それは「自分の生き方ってのはいったい何だったんだろう」という思いと表裏一体なんですけれども、師のほうからすればリアリティーとして継がせるものでもなく、自分の探求したことを本当にやっていけるのは自分しかいないから、「あとはもうお前らに任せるよ、俺のようにはできねぇだろうけどな」というところで終わっていくしかない。

だからぼくなどは、師を喪った時の一休の思いというのに、すごく考えさせられますよね。カリスマ性というのは、合理的に捉えきれないですよね。なんらかのきっかけでどうしようもなくその人の「磁場」に入っていって、グイッとつかまれちまう。

一休の弟子たちも、「この人の近くにいたら大変そうだけど、近くにいるだけで面白いんだよな」と思っているうちに、一休のあのアクの強さにどんどん巻き込まれていったんじゃないですかね。

伊野　ついつい師匠の真似をしちゃいますよね。ぼくは長沢先生に会った時、長沢節みたいになりたいと思った。絵も真似してたんだけど、これでいいのかな？　とも思いました。そしたら「大丈夫、心配しなくてもそのうちに、似なくなるよ」って。事実、今では全然似てません（笑）。やっぱり別の人間だから、自然にそうなるものかもしれないけど、自分の存在をむなしくするほど他人に惚れる時期があってよかったと思うんです。そういう時期に先生は死んじゃって、すごくショックを受けたんですが、一休さんが最初の師匠が死んだ時、自殺しようと思ったのも、そんな頃だったんじゃないかと。

飯島　あんな血気盛んで意気軒昂とした一休でさえ、若い頃は謙翁という師匠を失うと、もう死にたい気持ちになったわけですよね。

華叟が腰の立たなくなった時に、一休が素手で不浄を拭ったという逸話も、すごくリアリティーがありますしね。だから、そういう師弟関係を強烈に意識してる以上、一休にとって印可状みたいなものはもう邪魔でしょうがないという性格だったと思いますし、そのほうがめちゃくちゃインパクトが

●2……長沢節（一九一七〜九九）戦前戦後を通じてファッションイラストレーションの第一人者。水彩画、エッセイ、映画評でも活躍。主宰する「セツ・モードセミナー」は多くのクリエイターを輩出した。

大きいですよね。

伊野 だって、師匠のうんこが一休さんにとっての印可状ですもんね（笑）。

飯島 そう、うんこが印可ね。うんこを拭えた一休に、ぼくなんかはどうしても惹かれてしょうがないですね。

伊野 これを手にできないやつは印可の資格はないと。

飯島 染み付いた臭いも全部含めて、俺は師匠のここまで触れたんだということ以上に説得的なものはないんだってことなんですよね。自分も、芦川進一という師に接して学んでいることは、まだそう言語化できるものではないですからね。

ありのままは究極の開き直り?

伊野 「悟り」っていうと、よくわかんないんだけど、禅ではよく「ありのまま」っていいますよね。「ありのまま」を「究極の開き直り」っていう言葉に置き換えていいのなら、ぼくはわかった気になれるんです（笑）。

自分の話で恥ずかしいんですけど、ちょうど三十歳すぎぐらいの時バイトもクビになって、もちろんまったく絵の仕事もない。売り込みに行っても相手にされない。表現したいことも自分にはないのかもしれないし、絵の世界でやっていこうと思って十年近く頑張ってみたけど、無理かも。あぁ、人生踏み外しちゃったなぁ、これからどうしよう……てわりとマジで病んでたような時期があったんです。

そんな時、ちょうど深沢七郎の『人間滅亡的人生案内』を読んでたら、人生相談の答えの中に「コッケイ以外に人間の美しさはないと思います」って書いてあったんです。相談内容は忘れちゃったんですけど。人間ってこっけいだよね、っていう言い方じゃなく、「コッケイ以外に人間の美しさはない」って言い切り方がすごく面白くて、自分こそが笑うべき存在だな、今の情けない俺は本質的に美しいって思ったら、バカバカしくて不思議に前向きになれた。

その言葉は単なるきっかけだったのかもしれないけど、うまい具合に開き直りができたというか。しかも「コッケイ以外に人間の美しさはない」って言葉に自分のテーマが集約されてる気もした。こういう開き直りの経験は誰にもあると思うんだけど、禅で説かれていることって、なんとなくそういうのに近い感じもするんですよ。

どこか別のところに極楽とか涅槃があるわけじゃなくて、自分のいる場所には、誰も立てないし、誰も自分にはなれない。自分の本場は自分の中にある。外の価値観によって自分を決めてもらうんじゃなくて、自分で踏み出して自分で決める。禅もそんなふうなことを言ってるのかなって思ったの。

飯島　こっけいということって、ある種そういう自分としてふるまうことを自分で受け取るという部分もありますよね。

今、お話を聞いていて思い出したのは、タモリが赤塚不二夫の直弟子として、弔辞を見事に読みましたよね。あの時ぼくがしびれたのは、有名な一節――「あなたの考えは、すべての出来事、存在をあるがままに前向きに肯定し、受け入れることです。それによって人間は、重苦しい意味の世界から解放され、軽やかになり、また時間は前後関係を絶ちはなたれて、その時その場が異様に明るく感じられます。この考えをあなたは見事にひとことで言い表してます。すなわち、『これでいいのだ』と」――という、あれです。「これでいいのだ」というのを赤塚哲学のポイントに置いたのは、「自分のこっけいさはこれでいいのだ」と、バカボンのパパが全部ひっくるめてその場を肯定していくところ、そこに本質をみたんじゃねえのかなと思うんですよ。

伊野　普通ってなんだろう？　って疑問を抱かず生きられて、ありのままがいいよねって言ってても別に面白くないですよね。普通の価値観とは違うふうにしか生きられない人がありのままで生きるっていう時に、それは肯定的に感じ取れるんですよね。

飯島　今までのあり方が大きく否定されることが何かないことには、実は人間が自分の本来のあり方に気付けない――そういうことが、非常に普遍的なあり方としてあるんじゃないだろうかと思うんです。だから大きい否定のドラマがないと、本当の肯定というのが自覚されないというのを、禅はものすごく前面に出しているように感じますね。

伊野さんの『ぼくの神保町物語』を拝読したんですが、「K珈琲店」で働いてらっしゃったんですね。ぼく、高校が、今はなくなった九段高校という所だったんで、部活がふけたら、一目散で九段坂を東に下って、一人でそのまま神保町に行ってたんですよ。

伊野　絵で食えるまでの二十年近いバイト生活を神保町で送っていたんですが、そのことを書いたエッセイですね。実名を伏せて「K珈琲店」にしてますが。あんなものまで読んでいただいてすみません（笑）。

飯島　あの頃の自分は、古本をあさるのが唯一の心の拠りどころというような、孤独な高校生でしたから。大学に入ってからも神保町にずっと入り浸って、もう早い段階から「伯刺西爾《ぶらじる》」とか「K珈琲店」に行っていましたから。

伊野　じゃあ、ぼくがコーヒーを出してたかもしれないですね。

飯島　たぶん、働いていらしたと思うんですよね。

ぼくも研究を志すまで、本当にストレートに来なかったんですよ。大学院に入ろうとする前、経済的に苦しくなって、そもそも大学院に行けるかどうかわからない状況になってしまった。それで二、三年フリーターをやって、東京駅でお土産売っていたんですよ、崎陽軒のシウマイとか東京ばな奈とか。悶々となるわけですよ、「自分が本当にやりたい勉強ってなんだろうな」と。

結局、改めて「勉強しよう」と再起して大学院に入ったという感じがあって。いちど肚が決まると、悶々としたバイト生活にも独特の解放感が出てきて、自分が好きだから一休を読んでいるわけでしたし、それは自分にとっては非常に暗い時代でありながら転換点でもあったのは確かですかね。自分の人生観としても、大きい否定や断絶やつまずきを通してこそ見えてくるもの、そうならないとわかんないことがけっこうある気がして——それが禅へ改めて関心をもった理由でもあったし、あるいは在野で宗教思想を究めておられた芦川先生の下での学びが更に深まるきっかけだったのかな、と今なら思いますけれども。

大学院に入ってから博士課程を修了するまで八年くらいかかりましたけれど、結局、二十代から三十代前半まで、十五年近くはそういう下積みを続けていたことになりますかね。

伊野　ぼくはただ漫然と二十年間バイトしてただけで、大燈国師《だいとう》（165ページ）が五条大橋の下で貧しい人たちと二十年間一緒に暮らして修行していたのとは内容が違いますけどね。

飯島　いや、そのほうがいいです（笑）。

伊野　禅僧の方ってみんな骨太でキリッとした印象があるんですけど、僧堂へ修行に行って帰ってくるとああいうふうになるんですね。

佐藤義英さんて方が自分の僧堂での実体験を文と絵にした『雲水日記』という本があって、絵がすごく好きなんですが、今の雲水さんもあれ読んで行くみたいですね。『雲水日記』の絵は楽しげなんだけど、僧堂って厳しそうなところですよね。先輩が黒いものを白と言ったら、白になっちゃう世界？　落語家もそうですが、修行にはそういう一面がつきものかもしれませんが。ぼくは絶対嫌だなぁ（笑）。

一休さんの修行っていうか毎日はどんなだったんですかね。若い時は真面目だったみたいだけど。

飯島　それこそ、バイト仲間の中で、「あの人、なんかあんまり仕事してないけど、いるとその場がすごく明るくなるよな」と言われるタイプかもしれないですね。みんなが小忙しくやってる中で「ちょっと……」と抜けていって、店の裏に見に行ったらタバコ吸ってる、でもあの美味そうにタバコ吸ってる顔がなんか憎めねぇんだよなっつう、そんなタイプ（笑）。

伊野　あはは。

飯島　むしろくさすほうですからね。「蓏苴《らそ》」を自認して、立派な法衣で身をまとった生真面目な僧を揶揄するほうですから。「蓏苴」は野卑、がさつ、常識外れという意味ですが、一休からすると行儀のいいシティ・ボーイは気に食わないんですよ。

一休の漢詩は歌謡曲だった⁉

伊野　一休さんの漢詩集『狂雲集』は、現代語訳によってイメージが全然違いますよね。ぼく、石井恭二[3]さんの訳がかっこよくて好きなんですけど。あと、富士正晴[4]さん。富士さんのも面白いですよね。

飯島　現行で出ているものはそれなりに目を通しているつもりなんですけれども、共通して思うのは、それぞれの訳にどっかで「自分」が出てくるというのはありますよね。訳という作業そのものがそうなのでしょうけれども、富士正晴という人のパーソナリティー自体が、そこにめちゃくちゃ関係してくると思いますね。本当に仙人みたいな人だったと伝え聞きましたけれども。

伊野　飯島さんは誰の訳がいいですか。でも研究者の立場にあるから、単に訳として面白いっていうのとは違いますよね。

飯島　今のところ、自分にとってはやっぱり芳澤勝弘先生が示してくださっているものは大きな課題で、「今、一休はここまで読み解かれているのか」と非常に啓発されますね。

もう一つあげると、市川白弦[5]という人も大きな課題にしてるので、市川白弦の取り組んだ一休というのは参照していますかね。市川は一九七〇年に『一休―乱

[3]……石井恭二（一九二八～二〇一一）現代思潮社を創業、埴谷雄高、澁澤龍彥らを先駆的に手掛けた伝説的出版人。主要著訳書に、『注釈・現代訳 正法眼蔵』『正法眼蔵』『性愛の智恵』『正法眼蔵の世界』などがある。

[4]……富士正晴（一九一三～八七）「竹林の隠者」とも称された作家。主な著作に、『敗走』『徴用老人列伝』『桂春団治』など。『豪姫』は映画化もされた。

世に生きた禅者』という重要な一休論を出していますので。水上勉が『一休』という小説を出したのが一九七五年ですから、七〇年代は一休論が続々と出るんですよね。一九七五年は最大の一休リバイバルイヤーだったのか。

伊野　東映動画のアニメ「一休さん」も一九七五年にはじまったんですね。

飯島　一休の詩は、本当にどう読み解くのかは悩まされてばかりですね。内容が奇抜なだけでなくて、漢詩の形式としてもちょっと独特なところがある、なんていう指摘も聞きます。ある先生は、『狂雲集』の七言絶句が「よこはま　たそがれ　ホテルの小部屋」みたいな、要素が一つひとつ並んでいるような形になっている、とおっしゃっていました。「くちづけ　残り香　煙草のけむり　ブルース」みたいな（笑）。

伊野　ああ、わかった、それで俺でもかっこいいと思えるんだ（笑）。

飯島　確かに読んでいるとそういうところはなくはないので、厄介ではありますね。やっぱり漢詩では「型」がいかに整っているかが腕の見せどころなんですよね。杜甫や李白に比べたら「よこはま　たそがれ　ホテルの小部屋」みたいなところはあるので、読み解くうえで厳密な整合性のようなものを求める場合は、かなり苦労させられるかもしれないですね。

伊野　ぼくは、自分にわかりやすい詩を拾って読んでるだけですから気楽ですが、研究者は全部読まないといけないですもんね。

飯島　パーソナリティーが出てしまうということで言えば、加藤周一[6]がかなり一休に影響を受けてて、加藤の文章を読んでいると、「この人は本当に一休みたいになりたかったんだな」と思わされる部分がありますね。

加藤は六〇年代ぐらいから一休論を出してるんですが、『三題噺』という本でこんなことを書いている。

「私は生来感覚的なよろこびをもとめ、殊に男女の交情が感覚の愉しみに転ずる境を貴ぶ。そのためには万事を捨ててかえりみないというところまではゆかぬが、——またそこまでゆかぬについてはそれなりの理由もないわけではないが、そこまで行く男の心情には同感を禁じ得ない。晩年の一休もまた私にとって、決して無縁の人ではないはずである」

自分ができないようなエロティックで破戒的で型破りな一休に対して、けっこう露骨に憧れているところがあったようですよね。加藤という人はすごく格好がついちゃうんで、モテモテだったようですけど、二十代の頃は割と晩熟《おくて》だと言っていて、『続羊の歌—わが回想—』では「私には性的経験が乏しかった。母と妹の他に、婦人との接触は少く、たとえあっても、私は大へん臆病であったように思う」とも書いていて、けっこう屈折している感じもする。だから、加藤周一のような知識人の深層心理には、かなり悶々とした欲動が蠢《うごめ》いていたようですよね。ある情動が一休を通して露骨に出てしまうのは、すごく面白いと思いますね。

伊野 真珠庵の先代のご住職、山田宗敏さんの『大徳寺と一休』も読んだんですけど、やっぱそういうの出ますよね。

●5……市川白弦（一九〇二～八六）戦時中の日本と仏教者のあり方について、自己においても他者においても厳しく問い直した禅学者として知られる。また、西田幾多郎や鈴木大拙の思想を批判的に継承しつつ、一休論も多く著している。

●6……加藤周一（一九一九～二〇〇八）博覧強記で旺盛な論説を重ね、戦後日本の進歩派知識人として知られる。一休については『日本文学史序説』など言及することが多かった。

飯島　出ますよね。ものすごく出るんです。山田宗敏さんも、自分の中のエロティシズムみたいなものを、もう一回掘り出しちまう。

伊野　けっこう正直にね、自分の性の衝動を。ムラムラする欲望をおさえつけながらも妄想してしまったとか。

飯島　森鷗外の『ヰタ・セクスアリス』みたいな。

伊野　そうそう（笑）。

飯島　『大徳寺と一休』は読み物としてもすごく面白いですけれども、それは一休を語ることを通してどっかで自分を語るような面が出てくるからだと感じます。第三者的に味気なく分析するというのがいささか難しいといったらいいのか、自分との対話を余儀なくされるというか、それが一休の魅力。

伊野　鏡のような装置ですね。でも、そこんとこも含めて、研究者にとっていまいち扱いにくい存在でもあるんですか？

飯島　合理的に整理しにくくはありますよね。一休がこういう人物でこういうことを言っていたんだということをスッと整理できたら楽なんですけれども、こっちでAと言ったらあっちでBと言い、そっちでCと言う、というところがどうしてもあるので。

あと、アクが強い一休の考えが、日本禅全体に共通した認識というわけではない部分もあるわけです。とはいっても、我々がいま知っている禅の歴史自体が、実はそれぞれの禅僧がたずねていたものの集積体として受け継がれてきたんじゃないかとも思うんです。そう考えたら、一休という存在だってさまざまに語られたものの集積体となっているようにも思うんですよ。一休自身の表現から、弟子や周囲の語る姿、徳川期や近現代に語られたフィクションなど、一休に関する「語り」が多層的になっている。

こういう時思い出すのは、小川隆先生[7]がおっしゃる「梅干しではなくタマネギのようなもの」という例なんです。梅干しの実を取り除いてその中の種を探すように「真実」というべきものを求めるんでは、いちばん美味しいところを棄てるのに等しいことになる。そうじゃなくて、みんなが味わっているのは、タマネギのようにいろんな語りが層となって重なったものの集積体なんだ、とみることは出来ないかと考えているんですけどね。

一休さんにとっての戒

飯島　『オトナの一休さん』でも「地獄の一休さん」という回で、死にかけた時の話を取り上げておられましたけど、あの時、一休は「自分のあり方がこんなんでよかったのか」とものすごく悔いるじゃないですか。一休は、実際ちょっと体は弱かったみたいで。

伊野　今までさんざん人を罵ってきたので、地獄に落ちるに違いないって、急に弱気になって（笑）。

飯島　行実を見るかぎり、けっこう下痢をしてますよね。あと瘧《おこり》という一種の熱病になっていますし。『狂雲集』を読んでいると、「涅槃堂[8]」というのは出てくるのが一度や二度じゃないんですよね。「眼に生気が失われて、死期が近づくほどに己のこれまでに慙愧の念

7……小川隆（一九六一～）駒澤大学教授。『語録の思想史―中国禅の研究』『禅思想史講義』など、多くの著作で唐宋代の中国禅宗史研究を牽引し、鈴木大拙についても鋭い分析をあらわしている。講座が「高座」と思われるほど聞かせる喋りを展開することでも知られている。

8……病僧の居室。

がたえない、まるで釜茹での蟹のように悶え苦しんでいるが、閻魔の使いの獄卒どもやら物の怪の火車やらが絶え間なく苦しめにやって来る」などと書き記していますね（『狂雲集』一八八）。

死に直面して、自分を悔いたり恥じたりする一休にとっての戒とは何なのかという意味でも、そこはすごく課題に感じますね。

伊野　破戒っていったって、別に人を殺したりしてるわけじゃないので、僧侶が禁じられてるお酒飲んだり、色恋と、悪口、それぐらいですもんね。いわゆる戒律は一休さんにとってそもそも戒として感じてなかったとすると、さっき飯島さんがおっしゃったように一休にとって何が戒なのかなって。一休さん、一度、改宗するじゃないですか。

飯島　浄土宗にね。

伊野　そう。改宗騒動は、飢饉や戦乱が続いた後に、禅宗が何もしないことに対する批判でもあったんですか。

飯島　それについてはいろいろな議論が提示されてはいるんです。『自戒集』で表明しているところを読めば、一休は寛正二年（一四六一）の六月十六日、大燈国師の頂相を本寺に返却して念仏宗となったというんですね。というのも、「自分は一休から印可状をもらったから、一休の後は自分に仏法を問え」などと虚言を口にするヤツが出てきたから追放することとした、などと述べています。つまり、印可状を欲しがる禅宗のあり方に怒ってのこととみえる。

ただ、伊野さんがおっしゃる点は、背景としてあるかもしれないと思っています。寛正二年の約二か月間で八万二千人の死者を出した京の市中で、大飢饉に喘ぐ民に施食したのは、時宗の願阿弥だったと『碧山日録』にあります。この時の一休は六十八歳ですが、どうも涅槃堂に籠もらねばならないほど病んでいて、活動らしいことが出来なかったようなんです。だからか、『狂雲集』では「目の前には餓鬼とも人ともつかぬ姿をした民が苦しみ、火宅のような娑婆世界に溢れる百億の辛苦が、このワシの身ひとつにも迫って来る」●9といったことを表明していますね。

つまり、当時の一休の無力感は相当なものであって、一休には自己批判と禅宗全体へ忸怩たる思いがあったようにみえる。そう考えると、『自戒集』の一休には既に罪悪が強く自覚されていて、それを何かしらの形ではっきりさせたかったという面はあったのかもしれないですよね。それがあれだけ浄土宗へ改宗を表明していることにも関連するように思いますが、時代状況や周辺情報など、もっと詳しく検討しなければならないところが多いですね。

伊野　ほう、なるほど。そう聞くとまた見方が変わりますね。批判は禅宗に向けられる前に自分にも向けられていたと。一休さんは「諸悪莫作、衆善奉行」つまり「善いことをせよ、悪いことはするな」っていう、すげえ当たり前のことも言いますね。書が残っていて、なかなかの字です。

飯島　それは、白居易との問答で有名な鳥窠《ちょうか》禅師の言葉が参考になっていて、鳥窠は「諸悪莫作、衆善奉行」という「三歳の子どもですら言えるようなことでも、八十歳の老人でさえ実行するのは難しい」というんですよね。そういう問題意識が一休にもあるからこそ、竹筆で大書するほど重視していたと思うんですよ。当たり前を当たり前にせず、「言うは易く行うは

●9……『狂雲集』六四六～六四八「寛正二年餓死三首」。

難し」という問題をズバッと出すことは、鳥窠禅師でも一休でもみられたということですよね。一休自身、持戒と破戒の線上にいて、結局は還俗はしなかった。

伊野 確かに還俗したっていいわけですからね。まぁ、お坊さんでいることが一休さんの格好良さで、還俗したら魅力は半減しちゃうかも（笑）。

一休役者をキャスティング

伊野 ところで、一九九四年の大河ドラマ『花の乱』はやっぱりご覧になってますか。奥田瑛二が一休さんでしたよね。チラッとしか見てないけど、けっこうビジュアル的には似てる。なんかちょっとエロい感じもあって。

飯島 それは奥田瑛二自身に由来するエロさかもしれないですけれどもね（笑）。

伊野 ダハハ！ 誰がいいですかね、キャスティングするなら。

飯島 ぼくは昔から勝新太郎が好きなんで、勝新で見たいわな。

伊野 ええ？ 勝新ですかぁ（笑）。でも、壊して創る破壊精神を持った人ですよね。

飯島 そうそう、「壊して創る」というところなんか、一休的だと思う。『悪名』に出ていた頃の若い勝新太郎は、本当にぎらぎらしているのに、意外にベビーフェイスでね。悪漢なのに愛着が湧くところが、ぼくは好きなんですが。茶目っ気もあるし。あ、一休は京ことばをしゃべっていたはずだから、京都出身のほうがいいのかな。……となると芦屋雁之助みたいなしゃべりだったってことですかね。「ワテが一休だんねん」とか。

伊野 ぼく、忌野清志郎が顔似てるし、発言や行動とかも近いかなと思ったんですけどね。

役者じゃないけど。

飯島　そうか、清志郎か。一休さんは今の俳優さんだったら誰が演じられるのかなあ。どうしてもぼくの好みなんですけど、仲代達矢だったらどうだろう、と思いますけれどもね。知性と無骨さがあって。

伊野　仲代達矢なら、晩年の一休さんでいけるかもしれないですね。でも、一休さん、顔が面白いのが魅力だから、仲代達矢だと主人公補正し過ぎちゃうかも。

飯島　最初に頂相を見た時、似てるなと思ったのは林家木久扇師匠なんですけれども、それはただ顔の作りだけの話ですがね。

伊野　似てますね（笑）。でも面白いところは共通してますよ。似てるほうからいくと柄本明か堺正章もいいかも。リリー・フランキーの演じる一休さんも見てみたい。

飯島　ちょっと枯れちゃったんですけれども、若い頃の山崎努だったら見てみたいな。

伊野　脂っこいよりもちょっと枯れてるほうがいいな。でも矛盾をキャラクターで統一できる俳優さんがいいですね、一休役者は。

飯島　すみません、いろいろ言いましたけれども、ぼくはやっぱり三國連太郎かな（笑）。

伊野　あはは。三國連太郎は親鸞を演《や》ってませんでした？　監督してただけですか。

飯島　『親鸞　白い道』に三國自身は出てないですね、監督です。あの人は親鸞をすごく崇敬していた人なんで。

伊野　一休をどう捉えるか、人それぞれ違うって話ですが、飯島さんのキャスティングを聞いてよくわかりました、俳優の好みにすごく偏りがある（笑）。全員大物。それくらい大きな人ってことですよね、一休さんは。

一休さんと百鬼夜行

あの日はともかく暑かった。二〇一八年の八月二十一日、新作襖絵を公開中の真珠庵で、取材を受けていました。

朝、東京駅に早く着いたので、朝食にお寿司屋さんで鯛茶漬けを食べて、さらにコーヒーとチョコクロワッサンも食べたので、お腹がいっぱいでしたが、雑誌の編集の方がお昼ご飯用にミックスサンドを買ってくれました。新幹線の車中で食べないまま、カバンに入れておいたのです。暑さで取材中に腐ってしまわないか気になってました。

取材は雑誌「ひととき」の対談で、西山克《まさる》先生（当時、関西学院大学）と『オトナの一休さん』で脚本を担当していたふじきみつ彦さんとぼくによる鼎談でした。そこで西山先生が面白いことをおっしゃいました。真珠庵には百鬼夜行《ひゃっきやぎょう》絵巻のいちばん古いものがあるんですが、絵巻の制作に一休さんが関わっていたのではないかと。

寛正二年（一四六一）に中世最大とも言われる大飢饉がおこります。

六十八歳の一休さんはこんなことを書いています。

寛正元年八月二十九日、大風洪水があり、人々は、皆、難儀した。しかるに、夜、宴会を開き飲みかつ歌って遊ぶ者がいた。聞くに忍びず、偈を作って、自ら慰めて云う

大風洪水のために、万民は難儀した、
こんな折りに、歌舞管絃して夜遊びするのは誰だ。
仏法にも盛んな時、衰える時があって、永久に増減を繰り返す、
しかたがない、名月も、西の高殿に下るのだ。

西山　一休さんが非難している相手って、足利義政と日野富子なんじゃないかと。百鬼夜行絵巻の鬼たちのど真ん中に、一カ所だけ室内の情景があって女性たちが化粧をしている。その女主人が日野富子のパロディーではないかと。『狂雲集』の、酒飲んで酔っ払っているやつが義政と日野富子なら、一休さんが言葉を飲み込んだのもわかるし、それなら絵にしちゃえと。

これは後花園天皇の文化サロンも関係していると思いますが。元々のタイトルは妖物絵で、それが巡り巡って真珠庵に残った。

伊野　なぜ、真珠庵に残ったんですか。

西山　真珠庵が開かれたとき、一休さんにつながる文物を収集した、その中にこれがあったと考えるとわかりやすい。日本の妖怪は一休さんが作ったのではないかという説を考えています。一休さんが関わっているとしたら、水木しげるさんより遥か昔に作ってたんですよ。

ふじき　面白いな。先生の話を聞いてると、絶対にそうとしか思えない。

右は、雑誌の対談から抜き書きしたものです。

もしそうだったら、一休さんは妖怪の親玉になるわけで、「妖怪」と呼ばれた破戒僧一休のイメージにぴったりだ。

一休さんの批判は為政者だけでなく、禅門にも向けられます。

寛正の年は、無数の人が死んだ、
しかるに、五山の禅僧たちの心は、旧態のまま、
憂いに満ちた世の中を経巡っている。
僧たちは涅槃堂で何の懺悔することもなく、
依然として、不老長寿の春を祝っている。

またこの年、飢饉との因果関係ははっきりしないようですが、一休さんは禅宗を捨てて浄土宗になるという前代未聞の改宗騒動を起こします。

前年、辱く《かたじけな》大燈国師の肖像画を頂戴した。
しかし、私は今、衣を換えて浄土宗に入った。
こうしたことから、栖雲《せいうん》老和尚に
肖像画をお返しして云う

禅門の、この上ない仏道を離れ、
衣を換えて、浄土宗の僧となった。
分をわきまえず、言外《ごんがい》和尚や徹翁《てっとう》和尚の門弟となって、
多年にわたって、大燈国師を欺いてきたことを嘆く。

狂雲は大徳寺にとっての魔王なのだ、
門下では修羅たちが勝負を争い、嗔恚《しんい》の心でいっぱいだ。
禅門の古則を学んでも、何の役に立とうか、
多くの辛苦を経て、他人の宝を数えれば気がすむのか。

一休さんが七十四歳の時にはあの有名な応仁の乱もはじまります。話はそれるんですが、一休さんと同時代の画僧に雪舟がいます。雪舟も禅僧で、応仁の乱の時は四十八歳でした。雪舟はどうしていたか気になって調べたら、ちょうど応仁の乱がはじまった年に、足利義政が派遣した遣明使節の船に便乗して中国に渡りました。足掛け三年留学して、帰国後も京からは離れてたみたいなんで、一休さんとは接点なかったか

な。以上、報告は終わり。

応仁の乱は十一年間もズルズル続きます。七十代で乱世に突入するわけですから、年齢的にもキツい。この時期、一休さんは戦乱を避け転々と住まいを変えなければなりませんでした。歳をとるほどに時代はハードになる。終活なんてシケたこと言ってる余裕もないし、たそがれてる場合じゃない。ぼくも歳をとって弱気になったら、一休さんをもう一度思い出したいです。


真珠庵での対談を終えて、ぼくは京都の街を一人歩きながら、室町時代の夜の都を練り歩く、一休さんと百鬼夜行を思い浮かべていました。

狂雲は大徳寺の魔王。大徳寺の屋根から荒れ果てた京の都を一望している。夜になると一休さんは、付喪神《つくもがみ》たちを集めてパレードに繰り出す。飢饉で餓死した者、戦乱で命を奪われた者、亡者たちは骸骨になって百鬼夜行に続きます。

あぁ絵になるなぁ、というか絵に描きたい。

ぼくは毒のある絵、人をおちょくった絵、笑いのある絵が好きなんです。ぼくらの仕事の出自をたずねれば、昔から風刺精神は欠くべからざるスピリットのはずです。一休さんも風刺精神旺盛な人でした。我が筆先に来たれ、一休！


……しばし白昼の京都で異界と通信してしまったぼくは、カバンの中のミックスサンドを急に思い出しました。そして何よりお腹が減ってきました。朝ごはん以降、口にしたものといえば、真珠庵で出された羊羹一切れだけだったのです。猛烈な暑さのせいでミックスサンドが限界、そろそろ腐ってしまうような気がしてなりません。せっかく京都に来たのだからどこかで美味しいものを食べたいが、かと言って、ミックスサンドを捨ててしまうのは気が咎める。ぼくは歩きながら、ミックスサンドを食べ出しました。よかった。まだ腐ってはいないようだ。腹が減っているのでうまい。しかしなんで京都まで来て行儀悪く、歩きながらサンドイッチを食べているんでしょうか。

臨済宗大徳寺派

虚堂から一休への〝滅ぼしては興す〟法の系譜

虚《き》堂《どう》智《ち》愚《ぐ》

1185〜1269

中国、南宋時代の僧。一休は「虚堂七世」を名乗り、禅宗が伝えてきた真理は時空を超え存在することを示すため、自分の肖像画を虚堂の姿で描かせたこともある。一休は「ワシの禅には誰も及ばん、たとえ虚堂がここに来ようともなんの価値もない」と述べている。それは「見識が師と等しいのでは、授かった徳を半減させる」からなのだ。

南浦《なんぽ》紹明《じょうみょう》（大応国師）

1235〜1309

鎌倉時代の僧。1259年、中国に渡り虚堂智愚の法を継ぐ。薪に妙勝寺を開く。一休は兵火にあって衰退していた妙勝寺を中興し、恩に酬いる意味で「酬恩庵」と名付ける。酬恩庵は一休が晩年、森女と過ごしたと伝えられるお寺、通称一休寺。一休は自分の終の棲家を大応の傍にした。

宗峰《しゅうほう》妙超《みょうちょう》（大燈国師）

1283〜1338

鎌倉時代末期の僧。大徳寺を開山する。大燈が五条大橋の下で乞食姿で二十年修行したことを一休は格別に重要視していた。大燈の百周忌の法要で一休は美女を抱いて物議を醸す。そして「我こそ大燈国師から数えて五代目」と宣言。

徹翁《てっとう》義亨《ぎこう》

1295〜1369

鎌倉・南北朝時代の僧。大徳寺の仏法は大燈国師から徹翁へ、徹翁から言外へと伝えられる。徹翁は、臨終に際して「臨済の正法は松源（南宋時代の有名な禅僧）とワシのところで二度にわたり滅却した」と表明した禅者。

言《ごん》外《がい》宗《そう》忠《ちゅう》

1305〜1390

南北朝時代の僧。華叟の師。一休が29歳の時、ボロボロの袈裟で法会に出席したのは言外宗忠の33回忌であった。また一休が住持になりながらも10日で辞去した如意庵は、言外ゆかりの塔頭。一休は「言外は大燈の家を滅却した」と表現し、滅宗興宗という臨済禅の精神を徹底した存在とみなしている。

南北朝・室町時代の僧。一休という名前（道号）をつけてくれた師。門下の兄弟子に養叟がいる。言外宗忠の33回忌にボロボロの袈裟で出席した一休を、華叟は「風狂」と評価。華叟が自ら大徳寺の住持になろうとしなかった背中を一休は見ていた。華叟の介護で一休は素手で便を拭ったと伝えられる。

華《か》叟《そう》宗《そう》曇《どん》

1352〜1428

一《いっ》休《きゅう》宗《そう》純《じゅん》

1394〜1481

室町時代の僧。言わずと知れたこの本の主人公。狂った風を巻き起こす。その言動は「一生、いいかげんに生きる、それがわしにできること」という強い信念に基づいている。常識で論じることが出来ないくらいヤバいやつ。

没《もつ》倫《りん》紹《じょう》等《とう》

1412？〜1492

室町時代の僧。号は墨斎。没倫は、一休が臨終するにあたり、その法を継ぐことを断った。つまり滅宗興宗！ 没倫は一休の頂相を描き、年譜を書き、大徳寺に真珠庵を建てた。没倫の成した仕事なしに一休は語れない。アニメや本書ではぼくの似顔絵になっているが本当はこんな顔。

祖師と肖像

応仁の乱で

京の都は荒れ果てました。きっと一休さんの贔屓にしてた居酒屋も女郎屋も廃業したお店が多かったでしょうね。大徳寺も荒廃し、七十四歳になった一休さんは物騒な洛中を離れて、薪《たきぎ》の酬恩庵に移り住みます。酬恩庵は一休さんが晩年を過ごすことになるお寺です。

現在、通称一休寺と呼ばれる酬恩庵の最寄駅「新田辺」は、大徳寺の最寄駅「北大路」から電車に乗っても四十分くらいかかります。一休さんは八十一歳の時、後《ご》土御《つちみ》門《かど》天皇の勅令を受け大徳寺の住持になり、再建の大仕事を担うことになるのですが、大徳寺には住まず、酬恩庵から輿《こし》に乗って時々通ったようです。一休寺には実際に一休さんが乗ったという簡素な輿が残ってます。通うのはたまにだとしても、非常に大変な通勤だと思いましたね。

一休さんにとって大徳寺の住持になることは、尻がむず痒くなるようなとても恥ずかしいことだったようです。それを漢詩にしています。まぁ、あれだけ禅門を批判してたから、大徳寺のトップになる時にはこれくらいのことを言っておかないとネ。でもエラそうに見られることは嫌だというのは伝わってきます。

文明六年の春、大徳寺住持の勅請を拝した。
門弟や客がこもごもやってきて、お祝いを述べた。
ああ、五十年の間、蓑笠を着て淡泊に過ごしてきたが、
黄紙の勅書を捧げ持って、心に恥じることがないだろうか、
このようなことで、詩を作って、思いを漏らす。

紫衣を着た長老は、恥ずかしくて顔が赤くなる、
五つの欲望が現れて、心を迷わす風が吹く。
先師大燈国師の顔に、汚れた水をぶっかけ、
俺本来の家風と絶交してしまった。

二〇一八年、酬恩庵一休寺がＪＲ東海の「そうだ京都、行こう」の紅葉スポットに選ばれました。

大勢の人が見に来るこの機会に合わせて、副住職の田邊宗弘さんが「お寺の宝物殿で展示をしませんか」と声をかけてくださいました。真珠庵の襖絵に続き、一休寺でも展示ができるなんて、一休さまさまです。

ただし、テーマが少しやっかいで、「祖師と肖像」というもの。一休寺が所蔵する一休さんをはじめとする祖師たちの頂相と、ぼくの描く祖師たちの肖像画を並べて展示したいということでした。一休さんならなんとなくわかってるけど、一休さんにつながる祖師たちのことは全然わかってません。

田邊宗弘さんと二人で『オトナの一休さん』でも監修をお願いしていた芳澤勝弘先生を、二条城近くの「café & gallery 隠 on」にたずねました。一階はカフェで、二階は白隠の禅画ギャラリー。その上階には先生の研究室もあります。

先生の話を聞いて、一休宗純、大燈国師、虚堂智愚《きどうちぐ》の三人の肖像画を描くことにしました。大燈国師は大徳寺を開いた人で、虚堂智愚はもっと前の中国の有名な禅僧。どちらも一休さんが大変尊敬している人です。

一休さんは「大徳寺に伝わる大燈国師の法を滅却し、滅却することによってこそ、その法を興すことになるのだ。この一休のほかに真に正法を継ぐものがおるか。この虚堂七世たるこの破戒僧のほかに誰もおるまい」と言ってますから、俺一人で大燈国師と虚堂智愚の二人分背負ってるんだぜ！　という気張りようなのです。気張ってる割には、

俺は正系だ、お前は傍系だなどと、愚かに争うのは、
煩悩の無明のためであり、自分に囚われるからだ。
自分を担いで、自分が重かろうに、
空を仰いで、揚羽蝶の軽々とした姿を眺める。

なんて詩も作ってますが。

一休さんという人はとおりいっぺん生真面目にお坊さん業をやるのはどうも性に合わないんですね。何事に対しても、独自のやり方でやるのが好きみたいです。

大徳寺の住持になった時も、住持をすぐに辞任して「前住持」という肩書きで復興の先頭に立つというめんどくさいことをやっています。

一休さんが大燈国師に対するリスペクトを表す時も、他の人とは全然違う自分なりの方法でした。あまりに自分なりすぎるやり方だったので、当然物議を醸します。

一休さんによれば、大燈国師の人生には二十年間の空白があり、その間、五条大橋の下で乞食同然の格好をして生活していたんだと。禅宗では悟った後の修行が大事で大燈国師の二十年はそれにあたる。この乞食行に触れないで、貴人たちを大勢招き、法要を華やかに立派に恭しく行って、何が大燈国師の法要だ！　と一休さんは憤慨しています。

それで一休さんがとった行動が風狂の極み。大燈国師の百年忌を翌日に控え、お経をあげる多くの僧たちを横目に、法要の最中に美女を連れ込み、情事にふけっていたというのですから。

法堂で商売禅坊主たちが香を焚き経を読んでいる。
騒々しいばかりだ。
女と風流を尽くした情交を終えて、
こっちのほうが俺には大事だよと囁いて笑いかける。

漢詩に書かれたことなので、事実かどうか判断の分かれるところですが、心の真実ではあります。これが一休さんなりの生真面目さなのです。いいですねぇ、こういうめんどくさい人がぼくは好きです。めんどくさい人っていうのは、自分に妥協したくないんですね。無難にやるのが嫌で、らしさが嫌い。純粋なんだと思います。まわりはめんどくさいと思うでしょう。普通にやっときゃいいじゃんと思うでしょう。でも本人の中ではオリジナルでやろう、という創造活動が行われているんです。気持ちを込める、とはそういうことではないでしょうか。

国師は、大いなる燈を掲げて天を輝かした。
高貴な人々の輿が、大徳寺の法堂の前に競って集まった。
しかし、誰も国師の五条大橋の辺での
二十年の乞食行を記していない。

このエピソードを下敷きに乞食の群れの中に混じって修行する大燈国師を描いたのがこの絵です。大燈国師は瓜を手にしてます。瓜が大好物でした。

ある時、天皇の勅使が橋の下に大燈国師を捜しに来ました。でもどれが大燈国師かわからない。そこで勅使は、乞食の群れに瓜を差し出し「この瓜を足無くして来たるものに与えよう」と言いました。乞食一同ポカンとしてる中、「手無くして渡せ」と、とんち返し

大燈国師の肖像

を言って出てくる者がいた。それで大燈国師だとバレちゃったというわけ。

もう一人、虚堂智愚が難題です。虚堂和尚がどんな人なのか、大燈国師のような絵にしやすいエピソードが得られなかった。ふと、虚堂智愚の頂相を見ると頭に毛が生えてました。一休さんが髪の毛を生やしているのは、クリクリに頭を丸めたからってそれが求道の証になると思うなよ、ってことなんでしょうけど、虚堂智愚の頭にも毛が生えている。お、ここでつながるんじゃないだろうか。

芳澤先生に聞くと、中国のお坊さんには、頭を剃る以外にもいろんなヘアスタイルの人がいたようです。なんでも中国の僧林には専門の理容師がいたとか。虚堂和尚も彼らに散髪してもらってたんですね。聞いてみるもんです。

これで一つ公案が解けた気になりました。頂相に描かれたお坊さんが座っている椅子は曲彔《きょくろく》というんですが、なんとなく床屋さんの椅子にも見えませんか?

それで描いたのがこの絵。一休さんが心を込めて虚堂和尚の散髪をしているという……ま、ぼくが描く「Neo頂相」なんてのはこの程度のものです。そうそう、一休さんが自分の頭髪に関して書いたフザけた詩があったので、それもご紹介しておきます。

私の頭と陰部には、同じように毛があります、
入る時には、和やかに密でしっかりしています。
夜々、枕辺の夢は驚きます、
いつものように、冬の雁の声を高くあげますよ。

虚堂和尚の肖像

さて、「そうだ京都、行こう」の威力が凄まじかった。

バスが次々と運んでくる観光客で一休寺は溢れかえっていました。年末の新宿伊勢丹の地下食料品売り場より混み混みです。

ぼくはお寺の一角を借りて、直筆の色紙を販売していたのですが、そこにもドドドッと人が押し寄せて来る。こんなにたくさんの人に絵を見られるのは初めての経験でした。しかも、みんな紅葉を見に来ているので、ぼくの絵には基本、興味がない。最初は何かな？って感じで近寄ってくるのですが、ほとんどの人はそのまま歩き去って行く。


ガラのあんまりよろしくない夫婦が、色紙を並べている部屋にやってきました。旦那が、「なんや、この絵売っとんの？」

「はい、こっちが五千円で、こっちが一万円です」

「そりゃ高いわ、どう考えても二千円くらいのもんやで」

「そ、そうですか。でもこの色紙の売り上げの一部は、一休寺の開山堂の屋根の補修に使われるんですよ。一休さんはとんち小僧って思ってらっしゃいませんでした？　実は一休さんは酒も女も大好きな破戒僧だったんですよ」

「あ〜、あんたと同じやがな」と奥さんが旦那の脇腹を小突いて言うと「ほんまかあ」となぜか嬉しそうに色紙を眺めている。買うのかなぁ。

「あ、でも一休さんは男もかなり好きなんですよ」と付け加えると、「わしと同じちゃうがな！」と言い残して、ちょうどキリがいいという風に、二人は去って行きました。

普段自分の個展には来ないタイプの人に大勢会い、メンタルが鍛えられる修業でした。

よく滅ぼすものがよく興す

「私の死後、弟子たちの中には山中で修行する者もあれば、破戒して女郎屋や酒場に出入りする者もあるだろう。しかし指導のためだと言って人に禅を教えようとする者がいたら、そやつは仏法の盗人であり、我が門の仇敵である。そのようなことをすれば、たとえ禅を教えなくても、自分は禅をわかっているなどと言うやつがいたら役人につき出さねばならない」

これは一休さんが五十七歳の時の言葉です。禅はわかるものでも、教えるものでもないと。しかも一休さんは「自分の禅は誰にも継がせない」と普段から絶法宣言していたので、一休さんの教えはここで途絶えることになります。それどころか、師匠から弟子へとずっとリレーでつないできた、虚堂智愚や大燈国師の禅の教えも途絶えてしまうことになるのです。

八十歳を越え、病気がちになっても、一休さんの断法の意志は堅いままでした。弟子たちは一休派の行く末を心配して、後継者を決めないんですかと訴えます。すると一休さんは後継者として、とうとう没倫の名前を出しました。

ここからがいい話なんですが、没倫の名前を聞いた弟子たちは、喜んで没倫のもとへ報告に行く。ところが没倫は、

「お前たち、師匠に長年仕えてきて、師匠の何を見てきたのだ。情けない、馬鹿なことを言うな。師匠は自分の教えが伝わっているか試したのだ。その芝居になぜ気づかない。たとえ師匠がそう言ったとしても、病気で頭が変になったか、歳をとって耄碌したかのどっちかだ！」

と言って怒って席を立ってしまいました。

これは、見事な継承シーンではないですか。師匠のことを実によく理解しています。事実、一休の死後、没倫を中心にして一休の精神は受け継がれ、今に至るまで残っているわけです。

『オトナの一休さん』でも「後継者などいらん！」という回で、ほぼそのままこのエピソードを採用しているのですが、没倫のキャラを決める時に、ぼくの顔にしてあったので、すごく奇妙な感じになってしまいました。

没倫が一休に弟子入りした時を回想する場面では、一休さんが、

「ワシの弟子となっても後は継げぬぞ。臨済宗の開祖臨済は、滅宗興宗《めっしゅうこうしゅう》の精神を貫いた。水を器から器へ移して行ってもいつかは目減りして、終いにはなくなってしまう」

と語りかけ、ぼくの顔をした没倫が神妙に聞いています。「滅宗興宗」とはよく滅ぼすものがよく興すということ。

一休さんはさらにこう続けます。

「それは禅も同じ。師匠の教えを形式的に受け継いで行っても、何も残らん。答えがない禅というものを自分自身で捉え、時には器を壊し、師匠よりもデカい器にブランデーを注ぎ、釈迦も達磨も乗り越えるぐらいのパンクな精神で修行に臨むべきだ、とワシは考えておる！」

そう言い切ると、釈迦と達磨の顔が浮かぶでっかいブランデーグラスをググッとあおります。

「だから後継者はいらん。印可状も渡さん。それでも、ワシの弟子となるか？」

ぼくの顔をした没倫は、感に堪えたように「はい！」と答えていました。

ぼくが描いた一休さんが、ぼくが描いたぼくの顔をした没倫に、臨済禅のパンク精神を注入している。少なからず今後の人生に一休さんが影響を与えることが確定したと思いました。

アニメで没倫のキャラをぼくの顔にしてなかったら、こんなに後々まで一休さんに関わっていなかったかも。

日本の伝統芸能はみんなそうですけど、継ぐのが当たり前ですよね。大きな名前を継ぐ場合は襲名披露までする。継ぐべき型や演目があるからなんですけど、ぼくらの世界、例えばイラストレーションやマンガは継承が前提ではありません。浮世絵の時代は絵にも形から入って形を覚える修業は普通にありましたが、今はそういう訓練は重視されていないと思います。

伝統芸は表現が形式的になりがちな面もあるけど、人それぞれがその中で自分なりのやり方を見つける。そしてたまに天才という異端児が現れて型やジャンルを新しくしていく。型は天才を待つための現状維持装置としても機能しています。

伝統芸能の世界がちょっとうらやましいです。でも、ぼくにも自分が歴史的存在だという意識はあります。歴史に残ると言ってるわけじゃなくて、歴史の流れの中で生きているのに、汲み取れていないという焦りみたいな気持ちが。

二〇一九年に和田誠さんがお亡くなりになりました。

日本でイラストレーターという職業を作った人です。絵はもちろん、デザインも文章も編集も、何をやっても画期的で超一流。なおかつ仕事量が膨大。さらに作詞・作曲からショーの構成、翻訳、俳句、創作落語、映画も監督する万能の天才で、家に帰れば平野レミさんがいるっていう……ま、一言でいうと〝神〟ですよ。

和田さんに影響を受けた人はいっぱいいます。でも、和田誠さんを継ぐことは難しい。和田誠さんという人が生まれてなかったら、目にすることがなかった世界があまりに大きいです。逆に伝統芸能でもないのに、二代目和田誠なんて人が現れたら、恥ずかしいからやめてくれよとも思いますが。

では具体的にどうすれば、自分がリスペクトする先人から受け継ぐことが出来るのでしょうか。一休さんが自分のコピーは必要ないと言ったように、受け取ったバトンが自分の中で変化して、結果的に、まるで違う形に換骨奪胎できた時に、はじめてちゃんと受け取ったたって言えるんじゃないかと思います。

和田誠さんのすぐ下の世代にはヘタうまイラストの帝王、湯村輝彦さんがいます。湯村さんは和田さんの影響をすごく受けているのに、絵は全然違ったものになりました。外から見たら、逆に師匠を滅ぼしたと見えるかもしれませんが、その人にしか出来ないオリジナルな表現が生まれています。創作のバトンリレーがうまくつながるとはそういうことなんじゃないかと思うのです。

えー、なんだかマジメに語ってしまいましたが、一休さんの言ってる「よく滅ぼすものがよく興す」を自分に引きつけて言うと、そういうことだと、没倫は思うよ。没倫は胸に手を当て、自分はどうなんだろう……と思っています。

お森と宗純

一休さんは

七十七歳の時に五十歳以上も年下の彼女ができます。大阪の住吉大社の薬師堂で出会った盲目の旅芸人、森女《しんにょ》。彼女の奏でる鼓の音は一休さんのハートの鼓動を速くしました。応仁の乱で一休さんは戦禍を避けるため転々と住まいを変えましたが、そのおかげで二人は出会えたのでもあります。

ふらりと遊ぶように歩いていると、嬉しいことに薬師堂があった、盲目の艶歌を聞く俺の腹の中は、淫らな気分に溢れていた。頭髪は、もう白く霜のようになっているのに、と恥ずかしかった、歌が終わって、秋の厳しい寒さのなか、盲女に気を奪われていたことに気がついた。

二人の出会いは実は再会であり、以前から気になっていた存在だったとも一休さんは書いてます。でも森女の存在は弟子たちの書いた『一休和尚年譜』では無視されています。

『狂雲集』も一休さんの死後、弟子たちの手でまとめられているのですが、そこでは森女への愛が謳いあげられているというのに。これはどうしたことでしょう。『一休和尚年譜』の中心的編者であった没倫は師匠のことを深く理解していたはずじゃないですか。
ただ、森侍者《しんじしゃ》という女性がいたことは確かで、酬恩庵に寄進をした記録が残っています。弟子たちは彼女に気を遣って年譜から外したのでしょうか。彼女がそう頼んだのか。謎です。そんなわけで、森女は一休さんの文学的フィクションだという説を唱える方もいらっしゃいます。ぼくはフィクションだとしたら盲目の旅芸人という設定が込み入りすぎだなと思うのと、もし全部頭の中のことだとしたら、逆に一休さんが少しキモいですね。

木が枯れ葉が落ちた老いの身に、春がまた回ってきた。
枝に緑の葉が伸び花は咲き、昔の思いが新たになった。
お森の深い恩を、もし忘れたなら、
永遠に畜生道に堕ちるだろう。

研究者でないぼくが推測したって野暮なこと。愛の詩に絵で応えることにいたしましょう。かなり直接的なエロス表現が出てくるので、はじめて読む方はびっくりすると思いますが、芳澤勝弘先生によればこれらの詩は〈室町禅林文芸ではもちろん、それまでの日本の漢詩にも存在しなかった異質なもの〉だそうです。となると、一休さんの漢詩は晩年に来て、さらに一境地進化したと解釈したいですね。
それでは一休さん晩年の、純愛とエロの核融合、傑作漢詩をどうぞ。

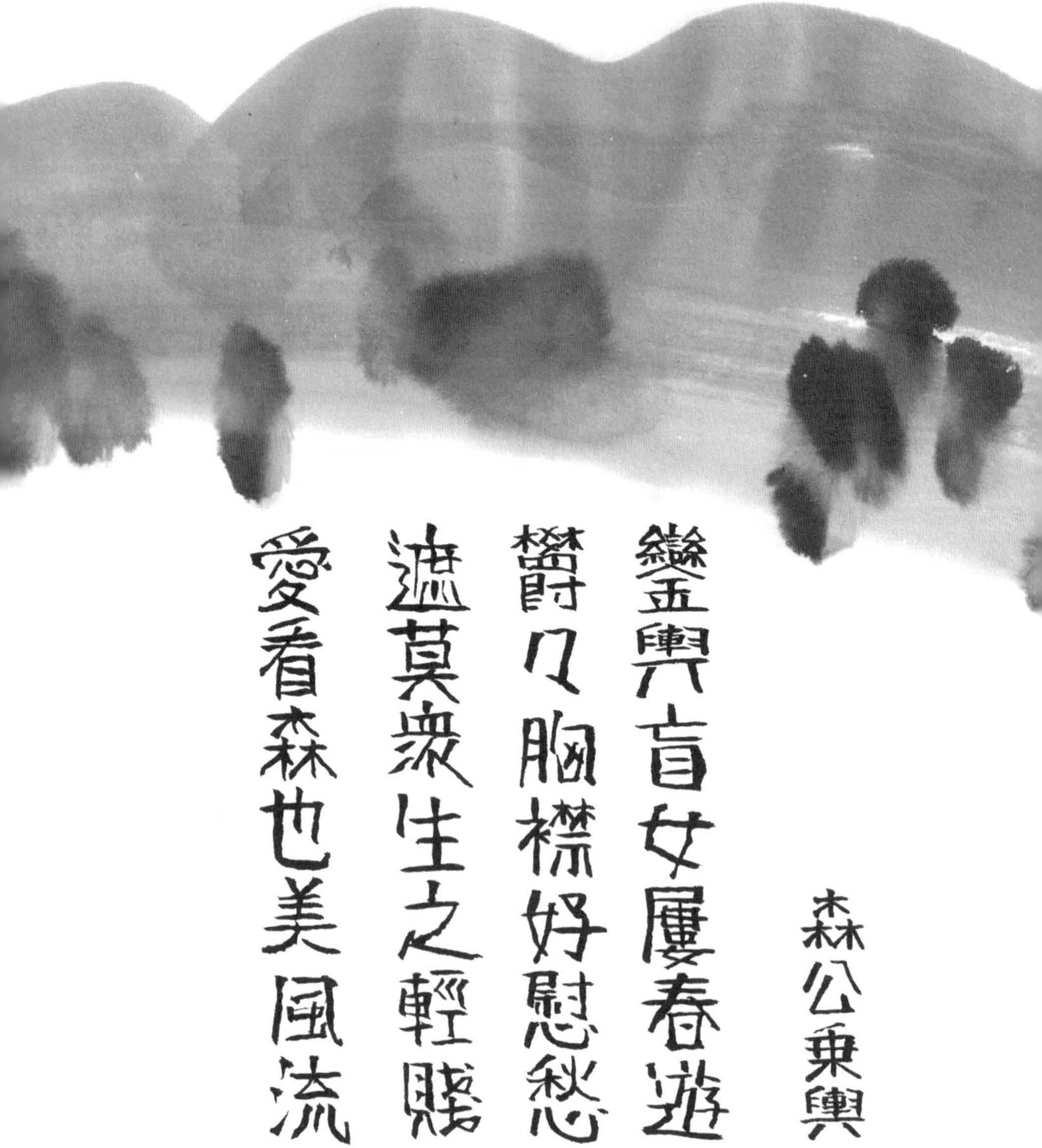

森公乘輿

鑾輿盲女屢春遊
鬱々胸襟好慰愁
遮莫衆生之輕賤
愛看森也美風流

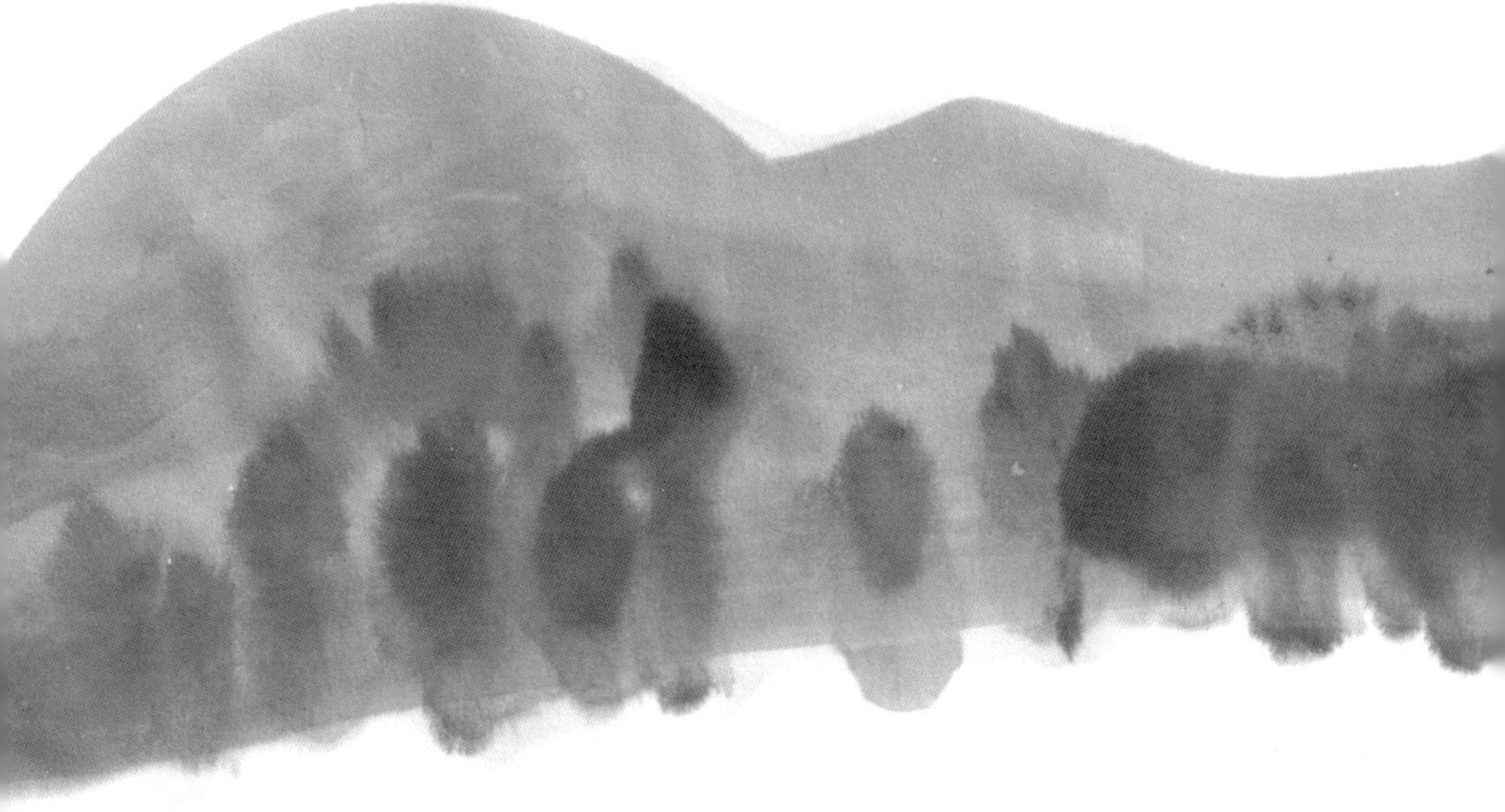

お森が、輿に乗っている

盲目のお森は、綺麗な輿に乗って、
しばしば春の遊びに出かける、
気ふさぎを慰めるのによい。
人々は、軽蔑して眺めるけど、
そんなことはどうでもよい、
儂《わし》は、上品なお森が、
愛しくてならない。

美人陰有水仙花香

楚臺應望更應攀
半夜玉床愁夢間
花綻一莖梅樹下
凌波仙子遶腰間

美人の陰は、水仙花の香りがする

楚々とした腰に口づけしよう、
もっと抱きしめて愛おしもう、
夜半の褥《しとね》に、夢のような愁いの顔がある。
花は指先に綻び梅の木の下に匂い立つ、
下陰は薄絹に靄《もや》い、花びらは
幽《かす》かな月影に浮かぶ水仙の花のようだ。

お森の手に手を重ねる

儂の手は、お森の美しい手に比べて
どうだ、
お森さんこそ、風流の主だと信ずる。
儂が病気にかかれば治してくれる、
玉茎が萌え立てば優しく癒してくれる、
こんな女性を、
わが家に迎えたことを、ただ喜ぶ。

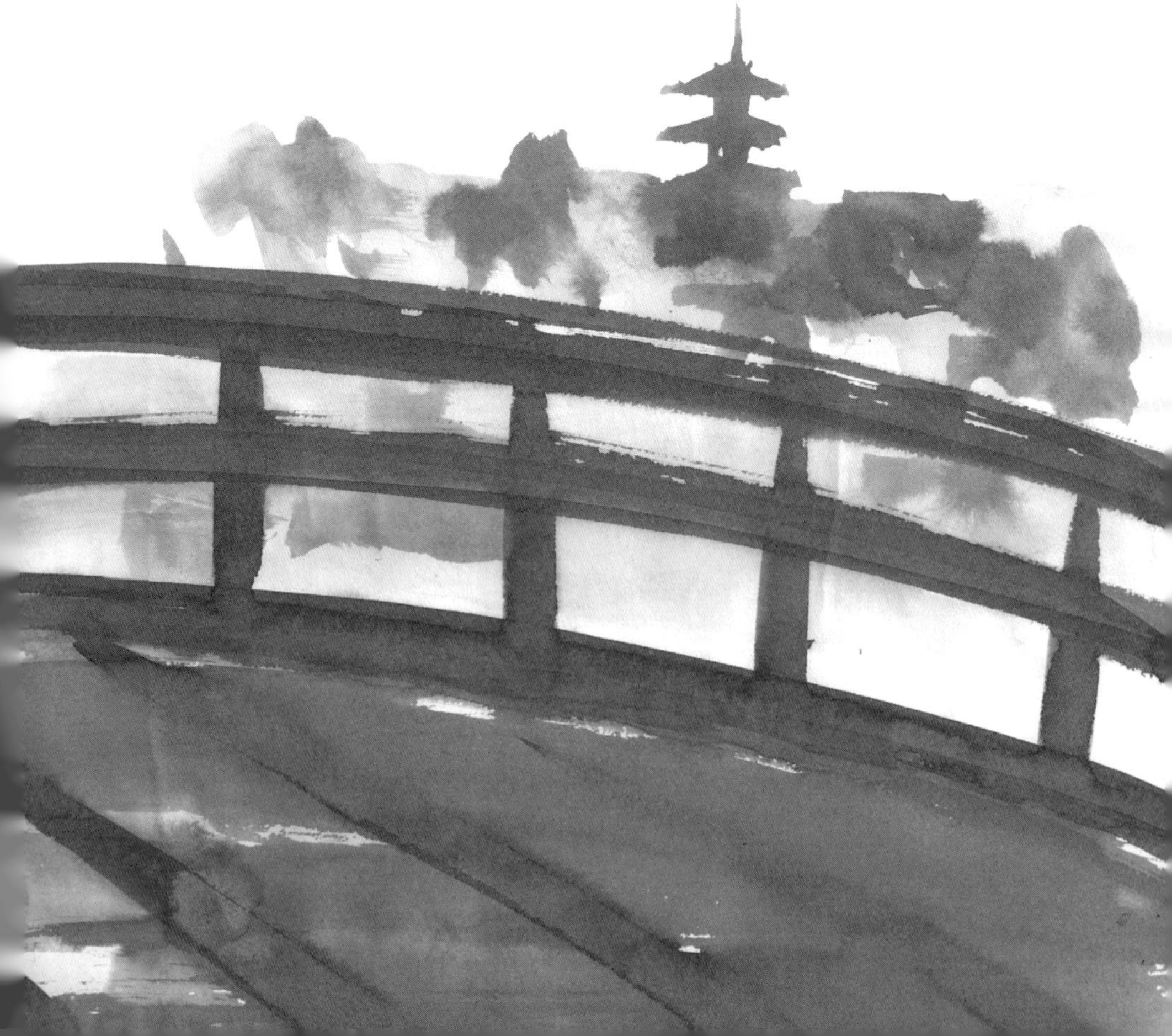

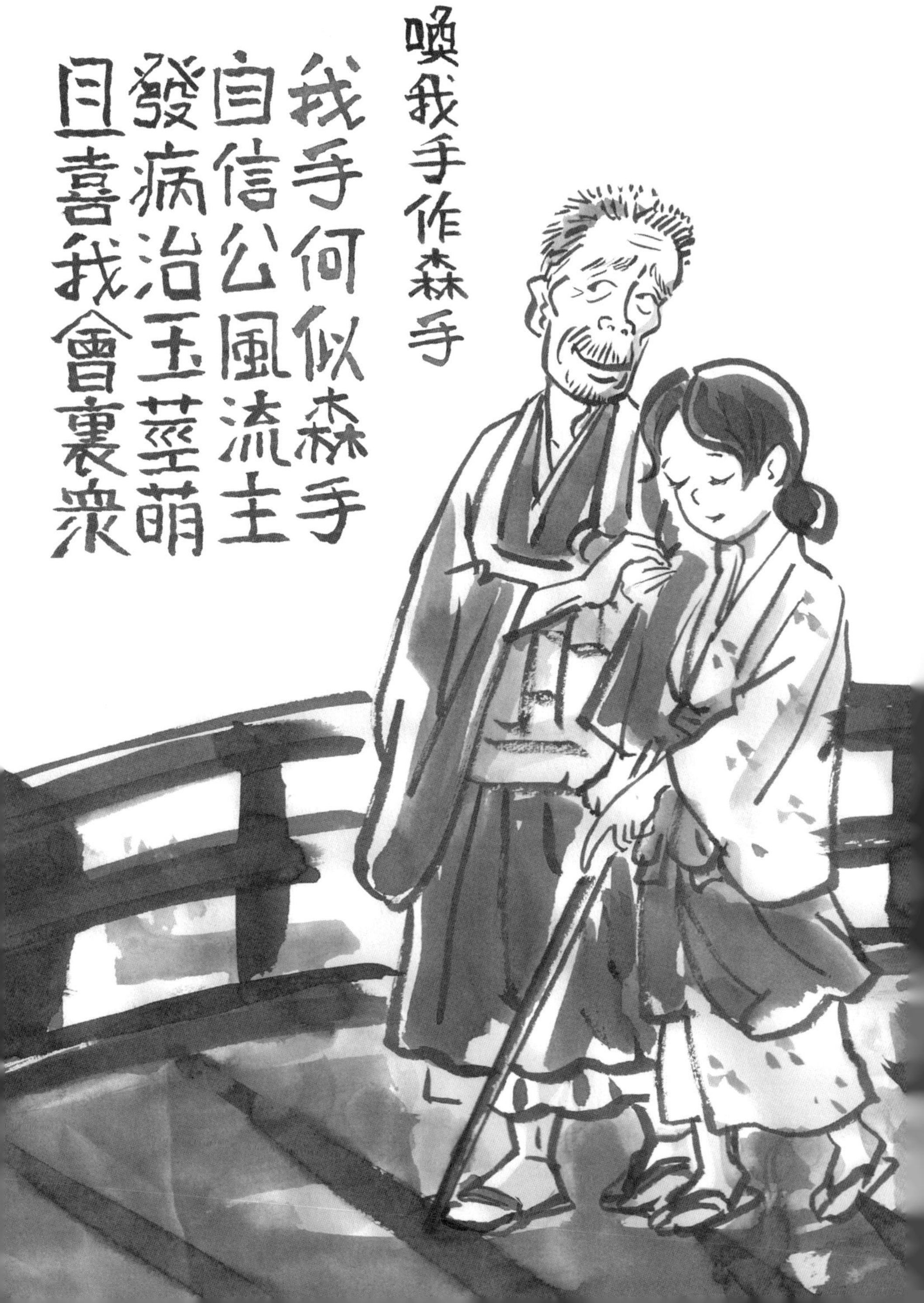
喚我手作森手
我手何似森手
自信公風流主
發病治玉莖萌
且喜我會裏衆

森公午睡

客散曲終無一聲
不知極睡幾時驚
覰面當機胡蝶戲
誰聞日午打三更

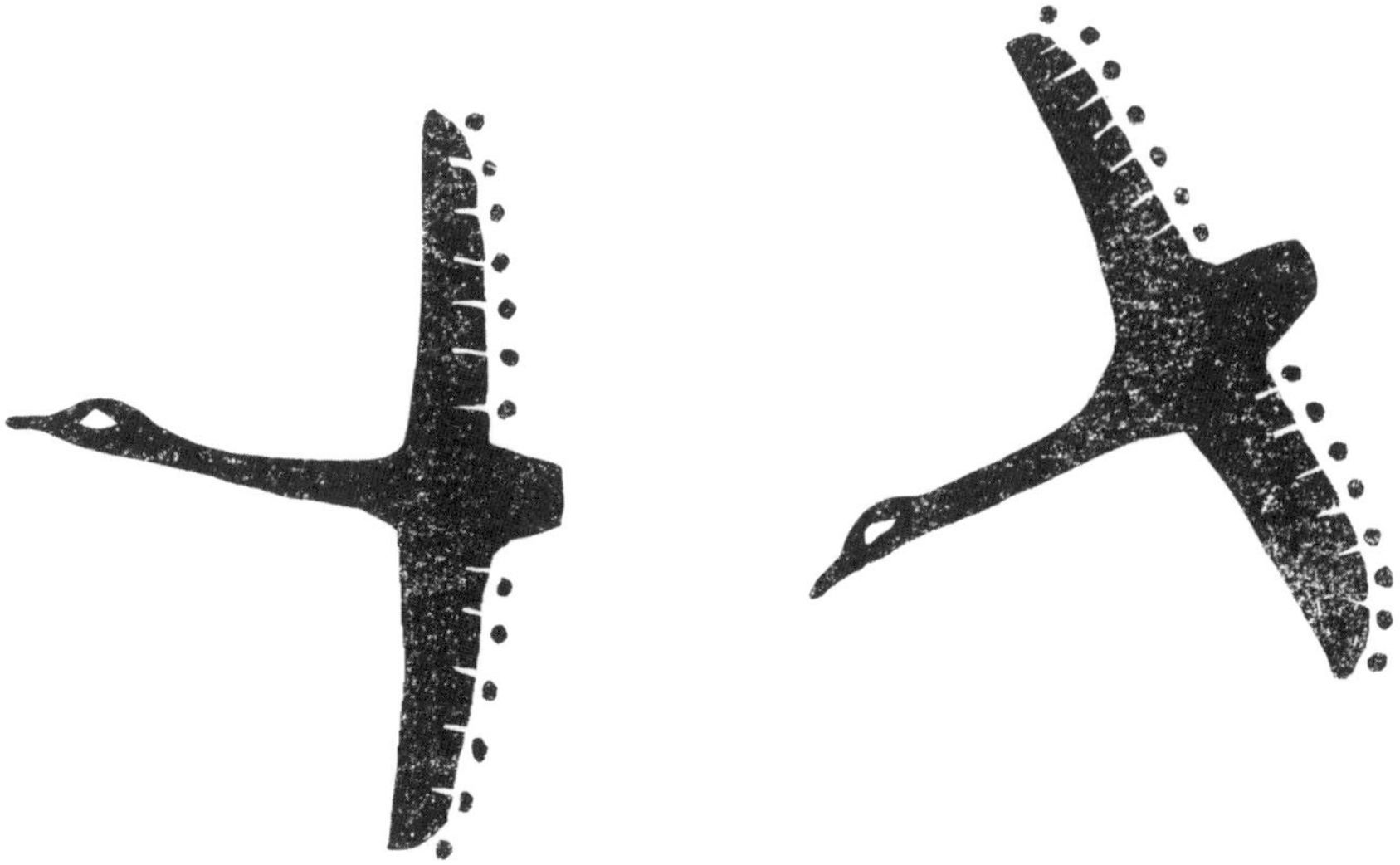

お森の午睡

やって来ていた客もそれぞれに帰り、
宴は終わり、誰の声も聞こえなくなった。
ぐっすりと眠っているお森は、
何時目が覚めるのか分からない。
眺めていると、胡蝶の戯れを夢に見るようだ。
昼日中に、夜中の時を打つ音は、誰も聞かない。
音や風の色も、詩文である。

おわりに

末期の病室での懺悔

風姿と心は頌と詩にあり、
輿に乗る、邪慢の俺は、詩を吟じて髭を捻る。
悪魔は、なにからなにまで俺の筆に任せている、
俺はもうだめだ、地獄の猛火から出られないに決まっている。

恋文や艶っぽい詩を書いて三十年、
虚堂和尚の禅を伝えられたというのは虚名だ。
詩を吟ずる私は、夜中の燈火の芯のように、だんだんと痩せてきた、
しかし、雲を詠い月を詠う風流は、白髪になっても変わらない。

このように弱気にボヤきながらも、なんとか無事、大徳寺の復興も果たし、瘧（マラリアだと言われています）を発病しながらも、八十八歳まで生きながらえた一休さんは、文明十三年（一四八一）十一月二十一日の午前六時頃、坐禅したまま静かに眠るように逝去しました。

一休和尚は身分の差別をすることなく誰をも平等に慈しんだ。側近や門下の僧にも馴れ馴れしくしなかった。子どもは和尚の髭を引っ張って親しみ、雀は手に乗って餌を食べた。嬉しければ笑い、怒れば怒鳴り、人知れず自分に鞭打って勉励した。教えを乞うものがあれば、ワシはもう老いぼれた、ととぼけた。しかし、それなりの人物に会えば、数えきれないほどの手段を設けて、巧みな比喩を用い、故事を縦横に引いた。

『一休和尚年譜』にはそのように書いてあります。

大往生の一言では済ませられません。酒は好きなだけ飲み、女も男もほしいままに愛す。言いたいことは言い、やりたいことはやる。やりたくないことはやらない。それでなおかつ、結局、大徳寺のトップにもなったし、晩年は最愛の女性と過ごし、最後はみんなに惜しまれて死んでいった。ええ人生でしたなぁ。

ぼくは一休さんのエピソードや『狂雲集』を読んで、面白いところに付箋を貼っていたのですが、破戒衝動に突き動かされるパンクな一休さんもさることながら、意外にのほほんとした一休さんを見つけると、嬉しくなりました。

なんで春の野遊びを、たっぷりと楽しまないのかな、
人の心は変わりやすいものだ。おかしな心配事はやめよう。
地獄が現れれば天国は消え失せてしまう、
花は散り柳の種は白い綿のように飛びまじる、日永じゃないか。

対談の中で飯島孝良先生は、一休に向き合うと「知らないうちに自分を語ってしまうのが一休の面白さ」とおっしゃってましたが、それは一休さんが「答え」ではなく「問い」として存在しているということなんだと思います。史実の一休さんを想像する時、欠けたところは自分で補っていくしかありません。自分が書き込めるちょうどよい余白が残されているとも言えます。

主義主張が一貫してブレない人を以前は尊敬してたんですが、それって観念的すぎる生き方じゃないかなと最近は思うようになりました。ピカソを例にとれば、彼の絵に一貫したものはありません。観念は、ありもしない縄で自分を縛る状態を作ります。一休さんに一貫したものがないわけではないのですが、観念を警戒しています。言ってることもやってることも時々ブレる一休さんには、ブレることによって出来る隙間があります。そういうところにすっと気持ちが入っていける。

一休さんにのんびりしたところを感じるのは長命のせいもあります。凝縮した太い人生を送るとその分寿命が縮まることもあるので、長生きした一休さんにはのんびりした時間が多かったのではないかと想像してしまうのです。養生訓は、いい加減に生きること。

しかしながら、一休さんは真剣に、一生をいい加減に生ききったのです。

なんとも不思議な生き方です。愚かに思われたっていい。間違っててもいい。めちゃくちゃでもいい。

それでもそれでも、自由は、人間にとって大事なんだ。

高らかに笑う一休さんからは、そんな思いつめたような叫びが聞こえます。

今から約六百年前に、自由という難問に挑んだ愉快な僧がいたという事実は、ぼくを嬉しくさせるのです。

まだしばらく、となりにいたい一休さんです。

創作Zen漫画

トナリの一休さん

ほう、ドーナツとは
さすがは風狂…
いや、ちょっと待てよ
ドーナツ…
あ、そうかこれは
円相じゃないか！
ポコッ
ポコッ

あの軸は何と読むのだろう
通無道
…つうむどう？
一休和尚
「通る道無し」もしくは
「無い道を通る」と読むんでしょうか
いずれにしても
我が道を行く一休和尚らしいお言葉
ぶはははっは！喝だなこりゃ

うわぁっ

私もですかぁ
よっと
そうじゃ
どう…な…っ
ありがたい
禅語かと思ったか？
ただのお品書きじゃ

お前さんと今
こうしてうまい
ドーナツを食べ
楽しく茶を飲み、
語る
酒も持って
来ました
おお
そうこなくては
ちゅん
ちゅん

完

一休さん年譜

●の中は一休さんの年齢（かぞえ年）
◆赤字は関連のできごと

明徳三年（1392）		◆南北朝が合一する。
応永元年（1394）	一歳	一月一日、洛西に誕生。後小松天皇のご落胤といわれる。初名は千菊丸。 ◆足利義満、将軍を義持に譲り、太政大臣になる。大内氏、明との貿易により堺が発達。
応永六年（1399）	六歳	京都安国寺の像外集鑑《ぞうがいしゅうかん》に預けられる。周建《しゅうけん》と名付けられる。 ◆大内義弘《よしひろ》、堺で挙兵（応永の乱）。
応永一二年（1405）	一二歳	宝幢寺《ほうどう》の清叟師仁《せいそう》による『維摩経』講義を聴く。衆僧、一休の老成ぶりに驚く。
応永一三年（1406）	一三歳	建仁寺の慕喆龍攀《ぼてつりゅうはん》のもとで詩を学ぶ。「長門春草」と題した詩を作る。 ◆大飢饉、洪水多発。倭寇朝鮮を侵す。
応永一五年（1408）	一五歳	「春衣宿花」と題した詩の、あまりの早熟した内容にがぜん評価が高まる。 ◆義満没。享年五一。
応永一六年（1409）	一六歳	法会の際に、ある僧が自らの氏族門閥を自慢するのを聞くに堪えず、法堂を飛び出す。二偈を作って慕喆に呈した。
応永一七年（1410）	一七歳	清叟師仁の下で学びはじめる。西金寺《さいこんじ》の謙翁宗為《けんおうそうい》に弟子入りする。 ◆倭寇が中国沿岸、朝鮮で活動。
応永一八年（1411）	一八歳	足利義持が美少年の赤松持貞《あかまつもちさだ》を連れて来庵した際、赤松に色目を使い、その気概に衆徒驚く。 ◆日明国交中絶（〜一四三二）
応永一九年（1412）	一九歳	泉涌寺《せんにゅうじ》で大徳寺の僧に会って、華叟を称える。 ◆後小松天皇、躬仁親王に譲位（称光天皇）。
応永二〇年（1413）	二〇歳	謙翁が「奥義は全て渡した。しかし私自身も無因《むいん》宗因《そういん》から印可状を受けていないので、お前にも与えることができない」と告げる。
応永二一年（1414）	二一歳	謙翁寂す。東山の清水寺へ参詣し、近江の石山寺に籠もった後、絶望の果てに琵琶湖南端の瀬田川に入水自殺を図るが救われ母のもとに帰る。 ◆源満雅、南朝再興のために乱を起こす。
応永二二年（1415）	二二歳	堅田の祥瑞庵《しょうずいあん》に住していた華叟宗曇《かそうそうどん》の門に入る。入門を許されるまで門前に四十五日間ねばる。
応永二三年（1416）	二三歳	生活に困り、京都で香袋やひな人形を売って修行。 ◆上杉禅秀《ぜんしゅう》の乱。後小松天皇の御所が焼失。

応永二五年(1418) 二五歳 「洞山三頓棒《どうさんさんとんぼう》」の公案を透過する。華叟より「一休」という号を授かる。
◆足利義持、弟の義嗣《よしつぐ》を殺害。大津の一揆。

応永二六年(1419) 二六歳 華叟が書いた頂相の賛を見た兄弟子養叟がこれを印可状だと誤解して触れ回る。怒る華叟を一休がとりなす。
◆応永の外寇《がいこう》。明と国交断絶。

応永二七年(1420) 二七歳 琵琶湖畔で鴉の鳴き声を聞いて悟る。華叟からの印可状を拒否する。
◆この年以降、旱魃や長雨による凶作、疫病で餓死者が続出(応永の大飢饉)。

応永二八年(1421) 二八歳 華叟病臥、不浄をいとわず看病。

応永二九年(1422) 二九歳 言外宗忠《ごんがいそうちゅう》三十三回忌に弊衣《へいい》で参加。日照宗光《にっしょうそうこう》に後継者を尋ねられた華叟は「風狂と雖《いえど》も、この純子あり」と吐露した。
◆南禅寺の大火。諸国に大飢饉。

応永三〇年(1423) 三〇歳 土岐氏の館で滑稽な道化者を蔑むにわか坊主を瞬時にやりこめ偈「等慈莅物、貴賤一目視」を示す。
◆義持、将軍職を義量《よしかず》に譲り、出家。

応永三四年(1427) 三四歳 後小松上皇に拝謁、帝位後継の相談を受ける。

正長元年(1428) 三五歳 華叟入寂、享年七七。堅田へ葬儀に赴く。

永享四年(1432) 三九歳 南江宗沅《なんこうそうげん》(のち還俗)とともに堺へ下向する。

永享五年(1433) 四〇歳 後小松上皇崩御の数日前に病床に召され、数日間侍する。墨蹟と硯を受け取る。

永享七年(1435) 四二歳 堺の町を木刀を携えて歩き回り贋坊主を揶揄。
◆延暦寺衆徒、総持院の根本中堂を焼く。

永享八年(1436) 四三歳 大燈国師百年忌。「大燈忌宿忌以前対美人」「大燈国師百年忌二首」の偈を作り国師に捧げる。
◆諸国大飢饉。

永享九年(1437) 四四歳 華叟が宗橘夫人に託した印可状を源宰相から渡され破って焼却する。

永享一〇年(1438) 四五歳 銅駝坊《どうだぼう》の北の小庵に隠遁。
◆幕府、足利持氏の追討を開始(永享の乱)。飢餓疫病多数。

永享一二年(1440) 四七歳 如意庵の住持になるも十日ほどで去る。「如意庵退院寄養叟和尚」(私は飲み屋か魚屋にいるよ)と詩を詠む。

嘉吉元年(1441) 四八歳 一か月余り、安衆坊の南に塩小路町の小庵に寓居。
◆赤松満祐《あかまつみつすけ》、足利義教を暗殺(嘉吉《かきつ》の乱)。

嘉吉二年(1442) 四九歳 譲羽山《ゆずりはさん》に入り、民家に仮寓、尸陀寺《しだでら》建立。
◆幕府、徳政令発布。徳政の首謀者を処刑。

嘉吉三年(1443) 五〇歳 大炊御門《おおいみかど》室町の陶山公の妾宅に仮寓するも大勢人がおしかけて間もなく移動。

文安元年(1444) 五一歳 日峰宗舜《にっぽうそうしゅん》の大徳寺住職就任を養叟と相談して阻もうと企てたが決裂。

文安二年（1445）　五二歳……◆養叟、大徳寺住持に再任。

文安四年（1447）　五四歳……大徳寺の何人かの僧が投獄されたのを憂い、譲羽山に入り餓死を図るが後花園天皇が手紙で諫止。◆南禅寺の伽藍炎上。天龍寺の伽藍炎上。日峰宗舜、大徳寺住持に就任。

文安五年（1448）　五五歳……京都の小庵に寓したのち、売扇庵に移る。弟子たちが秘かに保存していた印可状を、再度焼却する。

宝徳二年（1450）　五七歳……「印可するものは一人もいない。わが門下で仏法を知るという者は我門の怨敵である」という法語を書く。

宝徳三年（1451）　五八歳……春作禅興の『大燈国師行状』を批判。「風飡水宿、人の記する無し、大五橋邊、二十年」の偈を作り国師を称える。◆奈良徳政一揆、元興寺、興福寺焼く。

享徳元年（1452）　五九歳……売扇庵の南、瞎驢《かつろ》庵に移動する。◆華叟、大機弘宗《だいきこうしゅう》禅師の諡号を受ける。悪疫流行。

享徳二年（1453）　六〇歳……◆大徳寺焼亡。養叟、大用庵の材で霊光塔を建てる。

享徳三年（1454）　六一歳……養叟と互いの印可状の有無で応酬。二人の仲違いが決定的となる。◆洛中に徳政一揆。養叟、堺に陽春庵建立。

康正元年（1455）　六二歳……『自戒集』を著す。養叟の布教を罵倒する。

康正二年（1456）　六三歳……薪村の妙勝寺を再建し、大応国師の像を安置する。酬恩庵を営む。◆近江で徳政一揆。

長禄元年（1457）　六四歳……『骸骨』刊行。路上で春浦（養叟の弟子）を痛罵し、その弟子から襲われそうになる。◆養叟、宗恵大照《しゅうけだいしょう》禅師の諡号を受ける。

長禄二年（1458）　六五歳……◆養叟没。

長禄三年（1459）　六六歳……虚堂和尚の肖像を手に入れ酬恩庵に安置。請われて徳禅寺の住持になる。◆足利義政、室町第（花の御所）を建立。長禄・寛正の飢饉。京都西岡土一揆。

寛正元年（1460）　六七歳……華叟三十三回忌に先立ち香銭を集め大徳寺に送る。◆大和大乗院領の土一揆。

寛正二年（1461）　六八歳……一休が「夢閨《むけい》」の号を使い始める。浄土宗に改宗すると宣言。◆前年より続く大飢饉。徳政一揆が頻発。

寛正三年（1462）　六九歳……下痢に苦しむ。乱を避けて桂林尼寺に寓居する。◆義政、法華宗を弾圧。

寛正四年（1463）　七〇歳……賀茂山の大燈寺に仮寓。のち瞎驢庵に帰る。◆南江宗沅没。京都一揆、疫病多発。

応仁元年（1467） 七四歳
瞎驢庵が兵火で焼失。乱を避けて東山の虎丘庵に移る。酬恩庵に避難する。
◆応仁・文明の乱始まる。

応仁二年（1468） 七五歳
酬恩庵で徹翁義亨《てつとうぎこう》百年忌を営む。金春禅竹《こんぱるぜんちく》（世阿弥の娘婿）に法語を与える。
◆延暦寺の僧徒らが馬借に命じて一向宗堅田本福寺を焼き討ちにする（堅田大責）。

文明元年（1469） 七六歳
兵を逃れて薪から瓶原慈済庵《みかのはらじさいあん》に避難。のち奈良を経て和泉、住吉の松栖庵《しょうせいあん》に仮寓する。
◆大風、洪水、人畜流失。

文明二年（1470） 七七歳
住吉に雲門庵《うんもんあん》を開く。住吉神社の薬師堂で森女と出会う。

文明三年（1471） 七八歳
春に森女と再会する。

文明五年（1473） 八〇歳
大徳寺伽藍焼失のため、住吉の行在所跡地に小院を設け大徳と名付ける。大燈国師、徹翁、言外の三像を酬恩庵に安置する。
◆京都、奈良、丹波に一揆が発する。

文明六年（1474） 八一歳
大徳寺の住持となる。
◆加賀一向一揆。堺商人、明との貿易隆盛。

文明七年（1475） 八二歳
薪村の虎丘庵に寿塔（生前の墓）を建立し、慈楊《じよう》塔《とう》と名付ける。

文明八年（1476） 八三歳
瘧《おこり》に悩む。住吉に牀菜庵《しょうさいあん》を作る。

文明九年（1477） 八四歳
夏の猛暑に苦しみ、牀菜庵の南の竹林の四阿で納涼。多香軒《たこうけん》と名付ける。
◆応仁の乱が終息。

文明一〇年（1478） 八五歳
雲門庵を大徳寺に寄進する。如意庵（のち真珠庵）を復興。薪村の酬恩庵に帰る。

文明一一年（1479） 八六歳
尾和宗臨《おわそうりん》の寄進で大徳寺法堂再建なる。

文明一二年（1480） 八七歳
京極政経のために朱太刀像に自賛を書す。墨斎に木像を作らせ髭を植える。『狂雲集』を編む。
◆京都、奈良、丹波に一揆起こる。

文明一三年（1481） 八八歳
大徳寺正門と偏門を再建。瘧が発病、一一月二一日、酬恩庵で坐したまま入寂。遺戒、遺偈を残す。

延徳三年（1491）
一休没後十年、墨斎たちが真珠庵の開創を評定で決め、一休の頂相が安置される。

主要参考文献・サイト

◆「別冊太陽　一休―虚と実に生きる」芳澤勝弘 監修（平凡社・二〇一五）

◆『一休和尚大全』上・下巻　石井恭二（河出書房新社・二〇〇八）

◆『一休和尚年譜』1・2巻　今泉淑夫 校注（東洋文庫・一九九八）

◆『オトナの一休さん』ＮＨＫオトナの一休さん制作班（ＫＡＤＯＫＡＷＡ・二〇一七）

◆『一休　日本詩人選27』富士正晴（筑摩書房・一九七五）

◆『一休　乱世に生きた禅者』市川白弦（ＮＨＫブックス・一九七〇）

◆『大徳寺と一休』山田宗敏（禅文化研究所・二〇〇六）

◆『一休「狂雲集」の世界』柳田聖山（人文書院・一九八〇）

◆『一休骸骨　図版と訳注』柳田聖山 現代訳注釈／早苗憲生 釈文・解題（禅文化研究所・二〇一五）

◆『一休ばなし集成』三瓶達司＋禅文化研究所 編（禅文化研究所・一九九三）

◆『あっかんべェ一休』上・下巻　坂口尚（講談社漫画文庫・一九九八）

◆『一休さん』八波則吉 文／宮尾しげを 絵（講談社の絵本・一九五〇）

◆『一休　とんち小僧の正体』（五島美術館　展覧会図録・二〇一五）

◆『禅思想史講義』小川隆（春秋社・二〇一五）

◆『臨済録』入矢義高 訳注（岩波文庫・一九八九）

◆『無門関』西村恵信 訳注（岩波文庫・一九九四）

◆『雲水日記　絵で見る禅の修行生活』佐藤義英 画・文（禅文化研究所・一九八二）

◆『大乗仏教―ブッダの教えはどこへ向かうのか』佐々木閑（ＮＨＫ出版新書・二〇一九）

◆『日本の原像を求めて』ニコラ・ブーヴィエ／高橋啓 訳（草思社・一九九四）

◆『「悟り体験」を読む 大乗仏教で覚醒した人々』大竹晋（新潮選書・二〇一九）

◆『禅入門　禅僧から学ぶこころ・修行・歴史』細川晋輔 監修（淡交ムック・二〇一九）

◆「佐々木閑の仏教講義」https://www.youtube.com/watch?v=VLiFmTujoVc

◆「仏教のアレ」https://buddhismare.net/about/

となりの一休《いっきゅう》さん

二〇二一年三月二六日　初版第一刷　発行

著者……………伊野孝行
発行者…………伊藤良則
発行所…………株式会社　春陽堂書店
〒一〇四-〇〇六一
東京都中央区銀座三-一〇-九
KEC銀座ビル
電話　〇三-六二六四-〇八五五（代）
https://www.shunyodo.co.jp/

印刷・製本……ラン印刷社

乱丁本・落丁本はお取替えいたします。
本書の無断複製・複写・転載を禁じます。
©Takayuki Ino 2021 Printed in Japan
ISBN978-4-394-90397-0 C0095

伊野孝行 いの・たかゆき
イラストレーター。
1971年三重県津市生まれ。
東洋大学卒業。セツ・モードセミナー卒業。
2013年第44回講談社出版文化賞。
2014年第53回高橋五山賞。2016年グッドデザイン賞。
著書に『画家の肖像』（ハモニカブックス）『ゴッホ』（書肆 絵と本）
『こっけい以外に人間の美しさはない』（HBギャラリー）、
TV番組にEテレ『オトナの一休さん』『昔話法廷』など。

昨日俗人今日僧
生涯胡乱是吾能

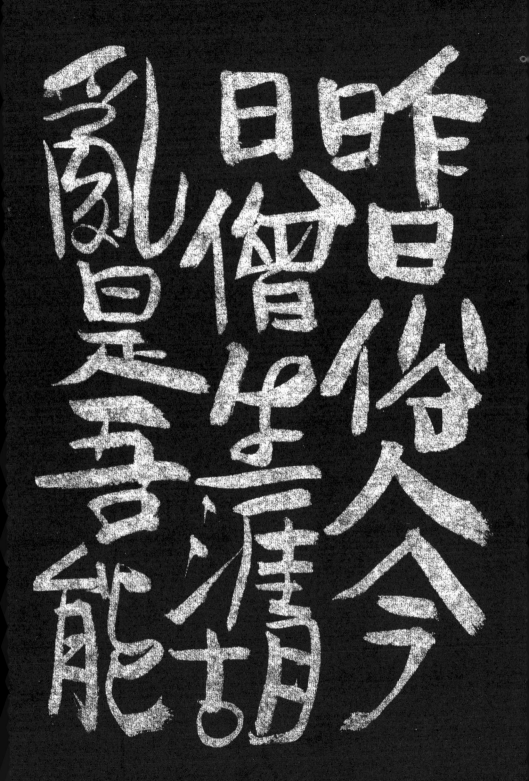